高效能
领导的
五个角色

PEOPLE FIRST LEADERSHIP
How the Best Leaders Use Culture and Emotion to Drive Unprecedented Results

［美］爱德华多·布朗（Eduardo P. Braun）◎著
姜忠伟◎译

中信出版集团 | 北京

图书在版编目（CIP）数据

高效能领导的五个角色 /（美）爱德华多·布朗著；姜忠伟译 . -- 北京：中信出版社，2023.1
书名原文：People First Leadership: How the Best Leaders Use Culture and Emotion to Drive Unprecedented Results
ISBN 978-7-5217-4803-1

I. ①高… II. ①爱… ②姜… III. ①领导学 IV. ① C933

中国版本图书馆 CIP 数据核字（2022）第 198195 号

Eduardo P. Braun
People First Leadership: How the Best Leaders Use Culture and Emotion to Drive Unprecedented Results
ISBN 978-1-259-83540-7
Copyright © 2017 by McGraw-Hill Education.
ALL RIGHTS RESERVED
No part of this publication may be reproduced or transmitted in any form or by any means, electronic or mechanical,including without limitation photocopying, recording, taping, or any database, information or retrieval system, without the prior written permission of the publisher.
This authorized Chinese translation edition is jointly published by McGraw-Hill Education and CITIC Press Corporation.
This edition is authorized for sale in the People's Republic of China only, excluding Hong Kong, Macao SAR and Taiwan.
Translation Copyright © 2022 by McGraw-Hill Education and CITIC Press Corporation.
版权所有。未经出版人事先书面许可，对本出版物的任何部分不得以任何方式或途径复制传播，包括但不限于复印、录制、录音，或任何数据库、信息可检索的系统。
本授权中文简体翻译版由麦格劳-希尔教育出版公司和中信出版社合作出版。
此版本经授权仅限在中华人民共和国境内（不包括香港特别行政区、澳门特别行政区和台湾）销售。
翻译版权 ©2022 由麦格劳-希尔教育出版公司和中信出版社所有。
本书封面贴有 McGraw-Hill Education 公司防伪标签，无标签者不得销售。

高效能领导的五个角色
著者：　　［美］爱德华多·布朗
译者：　　姜忠伟
出版发行：中信出版集团股份有限公司
　　　　　（北京市朝阳区惠新东街甲 4 号富盛大厦 2 座　邮编　100029）
承印者：　宝蕾元仁浩（天津）印刷有限公司

开本：880mm×1230mm 1/32　印张：10.5　　　字数：170 千字
版次：2023 年 1 月第 1 版　　　　印次：2023 年 1 月第 1 次印刷
京权图字：01-2022-3608　　　　　书号：ISBN 978-7-5217-4803-1
　　　　　　　　　　　　　　　　定价：59.00 元

版权所有·侵权必究
如有印刷、装订问题，本公司负责调换。
服务热线：400-600-8099
投稿邮箱：author@citicpub.com

专家推荐

这本书对公司文化进行了富有洞察力和原创性的探索，并对激发情绪以提高员工参与度和结果的至关重要性进行了阐述。对任何理解人是企业生死之本的领导者来说，这是一本必不可少的读物。

——**杰克·韦尔奇**　通用电气集团前首席执行官

在这本书中，爱德华多·布朗展示了管理人心如何在有效的、以结果为导向的领导力的各个方面发挥重要作用——从做出艰难选择的必要性和对未来有强烈愿景的重要性，到创造一种好奇心和创新文化。这是所有管理者的实战读物。

——**罗伯特·赫柏德**　微软公司前首席运营官

作为过去 HSM 集团的演讲者，我遇到了这本书中提到的大多数知名领导者。我甚至与杰克·韦尔奇进行了友好的辩论。爱德华多·布朗在采访我的时候提出的问题总是很棒。这本关于伟大领导者表现出来的情绪和文化软因素的书早就应该出版了。

——**菲利普·科特勒**　现代营销学之父、美国西北大学凯洛格管理学院

国际市场营销学 S.C. Johnson 荣誉教授

爱德华多·布朗在这本书中探讨了成功和领导力，这本书源于他的一系列商业论坛。作为一个有6个孩子的男人，我一直认为他是我认识的最富有的人之一——但除了这份幸运，还有很多好的想法和教训可以从他身上学到。

——弗朗西斯·福特·科波拉　著名编剧、电影导演兼制片人

这是一本有见地的书，它为任何想要通过发展一种能触及员工内心的成功文化来追求卓越的领导者提供了非常清晰和实用的教学。这绝对具有挑战性。

——阿尔瓦罗·乌里韦·贝莱斯　哥伦比亚前总统

随着我们从工业时代进入信息时代，我们越来越认识到数据不是知识，更不是智慧。考虑到这一点，成功将越来越多地降临在情商高的人身上。布朗借鉴他采访过的数十位领导者的话和他自己的见解，大胆地将首席执行官的角色重新定义为首席情绪官。这本书的内容特别清晰，不仅适用于商业人士，也适用于任何想要实现变革的人。

——克里斯蒂·赫夫纳　花花公子企业前首席执行官兼董事长

对希望从世界上最伟大的领导者的思想中学习独特领导力的人来说，这是一本经典之作。爱德华多让我们可以直接了解他们的思

维方式和领导力之旅。对所有具有不同文化背景的领导者来说，他们要传达的信息是明确的——高效能领导者必须具备对情绪的意识才能执行成功的战略。爱德华多传递的信息很明确——领导力是个人的。

——乔治·科尔里瑟　瑞士洛桑国际管理发展学院领导力与组织行为学教授

一个精彩的故事会带来有意义的情感体验，同样也会影响头脑和心灵。爱德华多·布朗这本富有洞察力的新书展示了如何在商界和政界取得同样的平衡，从而增强人文主义领导力。

——罗伯特·麦基　好莱坞编剧教父、畅销书《故事》作者

爱德华多·布朗是一位高超的健谈家，后来变成了讲故事的大师。这本书正确地将企业行动集中在情绪及其多个方面，从企业的优秀和伟大中汲取智慧来照亮通往胜利的道路。

——凯文·罗伯茨　盛世长城国际广告公司全球首席执行官

在过去的40年里，我接受过多次采访。毫无疑问，我做过的最引人注目、最有趣和最深入的采访之一是由爱德华多·布朗进行的。他在这一领域的专业知识是不可否认的，他有幸以一种非常个人化和坦率的方式深入了解他在全球众多活动中的每一位合作伙伴。这本书是通过世界上最好的采访者的现身说法，吸收伟人

的才能、领导力、经验和成功的绝妙方式。

——南度·帕拉多　1972年安第斯空难幸存者，美国知名自由作家、记者

这是一项完整且成功的工作，很好地整合了领导者在决定组织成功方面所起的关键作用。特别有趣和有用的是这本书对影响绩效的硬变量（如战略）如何与关键的软变量（如文化和情绪）相互依赖，以及这些软变量如何倍增和强化期望的领导力结果的处理方式。这本书将领导力作为一种复杂现象对其进行了有效论述，它应该放在每个管理者的书架上。

——劳伦斯·赫比尼亚克　沃顿商学院战略管理荣誉教授

这本书汇集了商界最优秀的人才，为情绪在组织成功中的重要性提出了一个有悖常理但强有力的案例。通过采用布朗提出的"首席情绪官"的5个关键角色，你可以利用管理中的软因素来改变你自己的组织。

——丹尼尔·平克　趋势专家、《驱动力》《全新思维》作者

多年来，我看到爱德华多采访了国家元首、企业负责人和全球思想领袖。他现在巧妙地提取了领导力经验，并在本书中进行分享，展示了最优秀的领导者实际上在做什么，以及情绪在改变行为中所起的关键作用。

——勒妮·莫博涅　欧洲工商管理学院战略学教授、全球畅销书《战略蓝海》作者

爱德华多·布朗的书完美地描绘了为什么"无形资产"比"有形资产"更能激励员工创造一种充满活力、以人为本的组织文化，从而使员工获得个人成就感，使所有参与者都有一种充满活力的团队精神，并为企业带来令人着迷的结果。爱德华多的书是那些渴望激励人心的领导者的圣经。

——赫布·凯莱赫　美国西南航空联合创始人、名誉主席、前首席执行官

在这本书中，爱德华多·布朗将重点放在了它所属的地方：帮助工作中的个人发展他们与生俱来的潜力。为了克服困扰全球经济的脱节和表现不佳的问题，布朗提供了一个实用的工具包，用于释放驱动高绩效的创造力、激情和奉献。

——加里·哈默　策士公司董事长兼创始人、《管理的未来》作者

我认识爱德华多很多年了，我一直很钦佩他对真正驱动人们的东西的深刻理解。这本书肯定会改变你对如何充分发挥自己、团队和组织的潜力的看法。

——鲁迪·朱利安尼　美国纽约市前市长

从我的角度来看，爱德华多·布朗吸取了领导力的两个重要教训。首先，它主要是一个人的游戏。其次，如果你雇用了优秀的人才并建立了良好的组织文化，那么其他似乎都会自行解决。

——约翰·萨多夫斯基　《讲故事的七条规则》作者

这本书是一个真正的百宝箱。爱德华多与全球领导者的对话，汇集了无与伦比的管理智慧。

——赫尔曼·西蒙　德国著名管理学思想家、"隐形冠军"之父

这本书体现了爱德华多先生多年来以非凡的热情和专业的精神所完成的工作。他分析并阐明了很多共同的领导力基本概念，这些概念跨越了不同的领域。这本书是任何有抱负的领导者需要阅读的经典之作。

——毛里西奥·马克里　2015—2019年任阿根廷总统

布朗先生的这本书提供了一个理解领导力的全新视角。从员工和文化的角度创造一种环境和氛围，激发人的愿景和潜力，在我看来这是关于领导力的巨大创新。一种健康的组织文化氛围能从根本上调动人的主观能动性，促进实现人的价值最大化，而这也是海尔集团一以贯之的宗旨。

——周云杰　海尔集团董事局主席、首席执行官

有关高效能领导者的书已经很多了，但爱德华多·布朗的这本书有一定的新意。作者提出了"新型CEO就是首席情绪官"的观点，认为高效能领导者必须能够通过情绪领导下属，在建立共同愿景、重视人的价值、沟通、决策和企业文化方面实施领导，实

现组织、团队和个人的持续精进。

——王辉　北京大学光华管理学院组织与战略管理系教授、光华领导力研究中心主任

人是组织生命力和价值创造的核心，解锁人的潜能是21世纪成功领导者的主要工作。当下，中国的很多企业存在严重的"重事轻人"的问题，人的潜能远远没有得到激发。爱德华多·布朗通过采访数十位成功的领导者，提出了"CEO是首席情绪官，要扮演5种关键角色，通过激发员工的积极情绪和打造强大的团队文化氛围来释放人的潜能、创造不平凡的奇迹"，对每一位想要成就非凡的领导者都深有启发！

——徐中　领导力学者、高管教练、北京智学明德国际领导力中心创始人

我们正处于一个复杂多变、挑战和机遇并存的年代，领导者只靠战略无法带领组织杀出重围，战略的实现靠人，人需要组织，组织需要共同的愿景，需要变革型组织文化。爱德华多·布朗博士的研究定义了变革中的关键领导力模型——以人为核心，借助情绪和文化价值实现高效能领导，这本书值得今天每一位企业管理者和组织领导者去学习和思考。

——单仁　单仁资讯集团董事长，央视、凤凰财经评论员

目 录

前言 // V
序言 // IX

第一章 文化及其结果
文化就是战略 // 003
什么构成组织文化 // 008
文化的价值：文化倍增结果 // 011

第二章 通过情绪进行领导：新型CEO
什么是情绪 // 040
情绪对行为的影响 // 041
新型CEO：首席情绪官 // 048
新型领导力模型的起源 // 051

第三章 第一个角色：激发愿景
愿景是什么 // 063
愿景激发情绪 // 072
如何通过愿景让情绪最大化 // 081
如何创造并实现愿景 // 084

第四章　第二个角色：一切都与人有关

从好的领导者到伟大的领导者 // 097
打造和发展有才华的团队 // 098
领导者拥护人的价值观 // 108
伟大的领导者深切而真诚地关心并照顾员工 // 118
真正关心产生的情绪影响 // 128

第五章　第三个角色：沟通

沟通的情绪影响：连接和信任 // 135
公开沟通和思想自由流动 // 146
从多维度培养沟通 // 152
倾听 // 161

第六章　第四个角色：决策

决策系统的基本要素 // 168
管理决策中的情绪 // 186
管理无意识的信息：直觉和判断 // 194
做出决策 // 198
决策是一种领导工具 // 206

第七章　第五个角色：制订文化计划

理解组织文化 // 212
文化从顶层开始 // 215
不同类型的文化 // 217
文化计划 // 234
在管理系统中嵌入文化 // 239

第八章　首席情绪官的技能和特质

集成的管理模式 // 251

一般个人特征 // 253

领导者的特质和技能 // 268

了解自己 // 272

方济各教皇 // 278

致谢 // 293

参考文献 // 295

前言

在这本有价值的书里，爱德华多·布朗搭建了一个非常实用的框架体系，不管是对个人还是对组织领导力的发展都非常有帮助，而且能够帮助其培养健康的文化。爱德华多在这本书中明确指出，文化已经成为当今企业竞争力的源泉，它能够帮助组织吸引最优秀的人才，提升人才素质，鼓舞他们激情澎湃地为集体奉献。

爱德华多是一个具有国际视野且非常谦逊的人，这本书正是他个人品质的展现，他并非想强塞给我们一个机械的万能框架来指导所有个人或组织进行变革。恰恰相反，在这本书里，他与我们分享了丰富多彩又有趣的故事，这些都是他在跟不同行业领导者交往过程中获得的，我们可以自主选择和获取能够真正激发我们激情和雄心的有益内容。我虽然也跟其中很多行业领导者打过交道，但还是对爱德华多收集的这些宝贵故事和语录感到非常震惊，因为他要从数千小时的对话和交谈中萃取出这些精华并将它们融入这本书。

我跟爱德华多相识于 20 多年前，当时我还是一名猎头顾问，曾对作为潜在候选人的他进行过面试。刚刚相识我就被爱德华多迷住了，他拥有永不满足的好奇心、富有感染力的热情，并且十分谦逊。

最近，我作为一名公众演说家跟他有了更多的合作机会，不过现在情形正好颠倒过来，换成他在不同的全球活动和电视节目中采访我。我十分欣赏爱德华多独特的风格，他是真心喜爱自己在做的事情，而且除了如饥似渴的好奇心和卓越的洞察力，爱德华多一直在寻找对我们的研究和人生最为实用的解决方案，特别是在领导我们的组织和领导我们的生活方面，后者也许尤为重要。

个人职业的原因，我非常幸运能够跟来自全球不同行业最为顶尖的领导者打交道，与他们交谈让我受益匪浅，在职业和生活上他们带给我很多启发和帮助。我与爱德华多都坚信，通过审视他们的人生经验，我们都可以成为更优秀的领导者，能够培养一种既能让人们感到幸福又能倍增结果的文化。

我们生活在一个充满动荡、不确定性、复杂性和模糊性的时代，为了繁荣甚至生存，我们必须面对组织和个人的再创造。这不是一项选择，而是一种紧迫的需要。这本书作为一种关于再创造的宝贵资源非常有意义且及时，它激励我们学习最好的东西，使我们能够跟随优秀领导者独特的智慧光芒，成为一个更好的人和一个更优秀的领导者。

——**克劳迪奥·费尔南德斯-阿劳斯**
亿康先达国际咨询公司高级顾问、《才经》作者

序言

2005年6月的一天,我正坐在墨西哥城四季酒店的露天阳台上跟韦尔奇夫妇一起喝酒聊天,希望能够增进对彼此的了解。第二天,我计划在2 000人面前对杰克·韦尔奇进行采访,在墨西哥城的美洲竞技场举办的有关经理人和企业家的大型活动中讨论如何成为一名成功的领导者。作为全球多媒体管理公司HSM集团的董事,我很荣幸能够周游全球,采访全世界商业和政治领域最优秀的企业家和知名专家,并与像杰克·韦尔奇这样的管理大师对话,共同探讨领导力和管理方面的话题。

在过去,我与这些知名人士的对话通常都是坐下来先聊1个小时,然后再进行20~30分钟的提问。但第二天我要尝试一些不一样的东西:韦尔奇和我会在台上共同进行一场90分钟的访谈。这项尝试十分具有挑战性，所以在访谈开始之前，我先跟韦尔奇夫妇坐下来共同聊了一下，除了向他们表达我的敬意，我还希望通过此举能够更好地了解韦尔奇，为我们第二天的问答做准备。我们聊了很多内容，包括对生活的看法，分享了关于领导力的故事，探讨了商业机会等话题。通过这次对话，我发现与韦尔奇夫妇的谈话让人如沐春风，便更加期待第二天的访谈。

当天晚上我做了充分的准备，第二天到达现场时，我手里拿着好几张纸，上面记录了一会儿访谈中会用到的笔记和问题。活动开始前几分钟，我要去洗手间整理一下仪容，所以我把装着问题的文件夹交给了一位同事。但是，等我回来的时候，她把文件夹弄丢了！我当时感到十分绝望，因为自己只能拿着几张白纸上台。

我怎么会陷入这种窘境呢？我马上就要对通用电气的前董事长兼首席执行官（CEO）进行公开采访了，但手里除了几张白纸什么信息也没有。他可是杰克·韦尔奇，在20年的任期里将通用电气从一家市值140亿美元的公司打造成市约4 000亿美元的巨头，市值整整翻了40倍。[1] 更别提今天台下坐着的都是很有成就的领导者，比如纽约市前市长鲁迪·朱利安尼和可口可乐公司前首席营销官彼得·西利。

我大学学的是如何成为一名工业工程师，从布宜诺斯艾利斯

高效能领导的五个角色　　X

大学毕业时，我最大的梦想就是去沃顿商学院攻读工商管理硕士（MBA）学位，以便获得管理家族企业所需的专业知识。

但计划总赶不上变化，我们不得不根据变化做出相应的改变。从沃顿商学院毕业后，我去了巴黎的博思艾伦咨询公司工作，之后返回阿根廷创办了我自己的战略咨询公司——管理与投资集团。1999 年上半年，我又加入了 HSM 集团的管理层团队。在此后的十多年里，我在全球许多城市组织活动，去过纽约、芝加哥、洛杉矶、法兰克福、米兰、马德里、墨西哥城和布宜诺斯艾利斯等城市。这些活动邀请了多位主讲嘉宾，他们都是国际最知名的领导者或在各自领域最知名的人，比如比尔·克林顿、托尼·布莱尔、米哈伊尔·戈尔巴乔夫、马德琳·奥尔布赖特、科林·鲍威尔、彼得·德鲁克、迈克尔·波特、丹尼尔·戈尔曼、鲁迪·朱利安尼、卡洛斯·薄睿拓、乔治·卢卡斯、迈克尔·艾斯纳、赫布·凯莱赫、谢家华、卡莉·菲奥莉娜、菲利普·科特勒、南度·帕拉多、史蒂芬·柯维，当然还有杰克·韦尔奇。我们精心设计了整个演讲环节，让观众能够近距离倾听和解读这些名人的经验，并从中学到有用的东西，获得启发。欧洲、拉丁美洲和美国各地的商业人士参加了我们的活动，并被我们提供的经验所改变。

这就是为什么我站在后台等着和韦尔奇一起上台，紧张地摸索着空白的纸张并试图回想自己打算问什么。

因为，一旦谈话开始，我唯一能做的就是全神贯注地思考如下问题：我能够将韦尔奇所说的应用到我的团队和公司吗？那现场观众中的普通人呢？如果要将这些概念应用到他的团队需要什么其他的信息？不要光说理论和概念，举个例说明一下。

最终，正是这种态度让接下来的访谈成为我职业生涯里最精彩的访谈之一，我完全摆脱了提前准备好的问题的限制，全身心投入现场活动。事后韦尔奇也向我表示热烈祝贺，认为我表现得非常棒。这段经历教会我真正享受交流的美德，帮助我作为一名访谈者获得了显著的成长。

但更为重要的是韦尔奇在访谈中所提到的，与许多商业专家花大量时间强调战略和计划对结果的重要性不同，韦尔奇认为高管或商人的成功秘诀主要是关于人、价值观和差异化，而很少涉及战略这个话题，这让我很惊讶。事实上，韦尔奇关于战略的态度很简单：你需要找到那个在你的商业中有价值的点，如果在这个市场中你刚好排名第一或第二就更好了，就是这么简单。给人启发的是，他真正看到了成功领导的关键。他解释道，真正重要的是你如何对待别人，如何将最优秀和最聪明的人挑选到你的团队，你要建立一些核心价值观，采取一些行为，并且要做到坦率。

听到这段话时我惊呆了。虽然之前也有一些人提出过类似的论点，比如彼得·德鲁克在他 1954 年出版的著作《管理的实践》中提倡一种管理风格，即战略目标与个人目标和业务齐头并进的问题是通过人文主义的角度来处理的。这种对人、价值观和行为的切实关注，与我之前听到或读到的关于商业领导力和管理的观点完全不同，与我们在商界经常看到的战略为王的观点也完全不同。事实上，过去几十年来，战略始终是唯一的目标。

这种趋势兴起于20世纪初期。1911年，弗雷德里克·温斯洛·泰勒提出了著名的科学管理4项原则，这些原则都关注定义、监管和执行明确的任务。[2] 5年后，法国管理学家亨利·法约尔在他出版的颇具影响力的著作中提出管理只有6种功能：预测、计划、组织、指挥、协调和控制。1914年，博思艾伦咨询公司在这场战略运动中正式成立，而75年后我正好就职于这家公司。

直到20世纪六七十年代，我们现在所认为的人们对战略的痴迷才真正形成，这一切都起源于布鲁斯·亨德森，他在20世纪60年代初期从成立于1886年的理特咨询公司离职，之后创办了波士顿咨询集团。

1970年，布鲁斯提出了"波士顿咨询公司市场成长市场份额矩阵图"（简称"波士顿矩阵"），向人们普及了投资组合分析和战略管理的概念，最终给整个行业带来革命性的变革。波士顿矩阵是一个用来评估商业品牌组合的战略地位及其潜力的框架。它根据行业吸引力（市场增长率）和竞争力（相对市场占有率）的不同，将商业组合分成4类：问题类、明星类、金牛类、瘦狗类，但其中唯独没有人的位置。此后，这一趋势大行其道，成为几十年来企业首选的分析工具。波士顿咨询集团的成功催生了一批新型"战略咨询"公司，比如贝恩咨询公司、策略规划协会、博顿咨询协会、艾意凯咨询公司和摩立特咨询公司，其中摩立特公司是由迈克尔·波特创立的，他在1980年出版的《竞争战略》奠定了战略咨询领域的基础，此后大批相关书籍问世。

在我对迈克尔·波特的一次采访中，他重申了自己的"五力模型"是什么，他对战略的定义如下："战略就是寻找一种独特的竞争方式，为客户创造不同类型的价值，使公司能够繁荣发展并获得可持续的稳定盈利。"换句话说，就是"将公司正在努力实现的目标与实现目标的方式相结合"。[3] 这种范式将战略放到核心位置，我们可以称之为照常营业模型。在这种模型中，CEO和团队执行不同的任务，合起来就能够形成整个价值链。

- 他们依据自己独特的竞争形式（差异化）设计战略，目的是利用价值定位拓展特定的市场领域。

- 他们制造或者提供某种产品或服务，这是他们价值定位的基础。这种产品或服务有配套的定价、营销和销售计划。

- 他们对完成该产品或服务所需的程序和工作岗位进行说明，然后建立一个团队，并根据个人专长进行分工，由此产生不同的部门，比如营销部门、财务部门、工程部门、生产部门和人力资源部门。

只有这种基本的设定加上开始时恰当的战略,才有可能实现这种价值定位的最终交付。战略是你在市场竞争中采取的独特方式。

事实上,波特定义战略的关键是要理解"企业是如何在市场中竞争的"。一般来说,战略囊括了企业如何定义其所有的商业变量:产品、价格、成本、运营、蓝图等。有一些战略是通用的,比如"成为低成本生产商"或者"差异化产品/服务供应商"。在第一种情况下,企业要设定好所有的商业变量,只有这样才能最大限度地降低总成本,让产品的价格更有竞争力。因此,从产品设计到工程再到制造,每个环节都要致力于降低成本。反之,在第二种情况下,当采用差异化战略时,企业会给产品添加独特且受客户重视的功能,使消费者最终选择它们的而不是竞争对手的产品或服务。

企业对战略的关注从 20 世纪 70 年代后期一直延续至今,这表明用来分析企业的主要术语是其硬变量。因此,对企业的研究和关注主要集中在战略的框架和基础变量上。

毫无疑问,战略是管理的重要组成部分,而且通常是董事会的主要关注对象。可能这就是波特的影响力和他的"五力模型"主导地位的结果。该模型自 1981 年横空出世以来一直在商界占据着统治地位,这可能也跟著名战略咨询公司的推波助澜有关,如波士顿咨询公司、麦肯锡咨询公司、博思艾伦咨询公司、贝恩咨询公司等大公司带动了成千上万的专业人士开始研究战略，又或者这只是工业革命开始以来长期关注生产战略和资源管理的结果。不管是什么原因，战略长期以来一直是商业管理和高管培训的主导原则。

但早些时候，说战略是唯一的选择可能有些夸张。1977年，彼得·德鲁克出版了《人与绩效：德鲁克论管理精华》一书，在这本书中他提出了自己的观点，"人是组织中最宝贵的资源，管理者的职责既包括推动员工去执行，也包括给他们自由空间去发挥"。[4] 德鲁克强调人是最宝贵的资源，这种观点给人力资源管理的变革带来了深远影响，因为企业努力了解员工的深层动机，并深入探究人们在组织环境中如何驱动自己完成工作。事实上，即使在20世纪80年代和90年代战略风靡一时的时候，尤其对CEO来说，组织行为、组织文化和工作人员管理等领域都取得了重大进步。

心理学领域为我们提供了另外一种思考战略这一主要历史焦点的方法。"选择性注意力"测试表明，我们感知现实的方式很大程度上取决于我们试图回答的问题。在测试开始时，测试者会问参与者一个问题：在篮球比赛中，穿白T恤的队员总共传球多少次？然后，参与者开始观看两支球队相互传球的一段录像，只记录穿白色T恤队员的传球次数。在寻求准确计算传球次数的过程中，很多人直到视频结束都没发现，在比赛进行到一半的时候，有个穿着大猩猩服装的人走进画面并开始在球场中间跳舞。[5]相同的状况也发生在领导力领域，我们总是回到"我们的战略是什么？"，"我们的竞争优势是什么？"等同样的问题。我们对这些问题太过关注，以至于许多"大猩猩"在我们不注意的情况下漫步经过。

这就是在我作为高管的整个职业生涯中发生的事情。当我开始担任战略咨询顾问时，我从没想过文化、情绪、心态或情感等变量会影响个人或团队的执行力。我以为我的工程学学位和工商管理硕士学位已经为我提供了必要的工具，来帮助我分析企业如何设计和执行它们的战略和商业计划。

我从前接受的学术流派完全依赖数字、战略、商业设计等硬变量，并且我现在仍然属于这种流派。我忽视了以人为本的软变量，以为这种软性在某种程度上是无足轻重且更易于管理的。带着这些想法，我自然而然地认为，如果想让员工有效工作，一个组织唯一需要的就是一批坚定且自信的管理者。我把任何可能妨碍这种直截了当的方法的理论弃之一旁。

事实上，与人相关的问题并不是无足轻重的，只是与我最终在这本书中介绍的情况相比，它们在整个商业思维中占据不同的位置。在商界人们有一种普遍共识，虽然与人的内心和灵魂有关的变量在理论上十分重要，但你无法将它们添加到传统的战略模型中。劳动力被视为一种"生产要素"，因此人们主要关注的是它的经济生产力。最终的结果就是，一旦谈到关于员工的话题，人们关注的重点都是生产力。它们被称为"人力资源"，包括所有管理技术，如培训、流程改进、报酬和激励计划、动力和团队合作等，这些都侧重于提高员工的生产力。员工成了一种执行既定战略所需的生产要素，但他们本身对企业的成功无足轻重。

我十分坚信硬变量的重要性，即使在我开始采访著名领导者的第一年，我也坚持自己的信念。但在经过这么多年的采访后，我终于能够放下先入为主的观念，即管理就是战略。从那时起，我真正开始关注和倾听这些著名人物讲述的故事，抛弃那些过去禁锢自己的偏见和价值判断。这其实是因为我越来越频繁地听到他们谈论战略以外的东西在成功的领导理念中发挥主要作用。这种转变标志着我开始发现新的现实，它向我揭示了良好绩效的关键是管理人心和思想。

与杰克·韦尔奇同台对话，当他开始谈论人、行为以及价值观的重要性时，我第一次看到了房间里的"大猩猩"。更有意思的是，在我走遍全球各地采访领导者的过程中，我开始一遍又一遍地听到与杰克·韦尔奇类似的观点。虽然有一些人正在研究和撰写这方面的文章，但它仍然与主流相距甚远，在现实中很难有人将这种观点付诸实践。但对我来说，这也是其非常令人兴奋且十分具有启发性的原因：学习倾听主流之外的声音，然后慢慢地看它渗透到主流。当我敞开心扉提出不同的问题时，实际上我也开始认识不同的现实，一个不同于成功的商业领导力的焦点。因为，事实上我一再从多位领导者那里听到的智慧是：关注人和文化。

例如，2008年我邀请了Zappos（美捷步）的CEO谢家华参加我在24-7电视网络上的一档脱口秀节目，该节目专门讨论管理和领导力。谢家华从1999年开始担任Zappos的CEO，2000年该公司的销售额是160万美元。到了2009年，仅仅10年后，公司的收益达到10亿美元。谢家华坚称，取得这份傲人成绩的关键就是通过持续、谨慎和系统的方式来管理企业文化。谢家华的经营理念十分独特，他将其总结如下：

文化比战略更重要。

对一个像我这样一生都坚信战略不仅是最重要的商业变量，而且几乎是唯一变量的人来说，这种观点带来的冲击巨大。

2009年，在纽约举办的另一个创新论坛上，我采访了著名的伦敦商学院教授兼管理创新交流中心主任加里·哈默。虽然我与他从2004年就相识，但直到那天我才真正明白他观点的含义。在我们的谈话中，他强调了重塑管理的必要性，以及新的组织工作方式必须能够培养和受益于员工的激情、创新力和奉献。他坚称管理实际上是一种技术——一种社会技术——过去几十年来一直没有得到升级,而且由于现在的需求已经发生了巨大的变化,特别是考虑到人的角色方面,因此重塑管理在经济和道德上都是势在必行的。重塑管理和领导力的关键之一是什么?就是关注人。

在那几年里,在各种活动的人群面前,在正式的私人采访中,在酒店大堂、飞机和家中的私人交流中,我越是跟政商领袖谈论如何成为一个成功的领导者,我就越是听到同样的两件事情占据了话题中心:文化和人。

然而,有趣的是,虽然人们越来越强调文化和人是成功的商业领导力的关键,而且文化和人也越来越成为自觉资本主义或者像卓越职场咨询公司等机构关注的焦点,但是它们仍然不是一个明显的主流现象。那时很少有人写这方面的文章,而想要在他们的业务中实践这一点的人就更少了。实际上直到最近几年,我们才看到这种观点开始进入主流,也开始有领导者在诸如《华尔街日报》《泰晤士报》的商业版块撰文讨论文化和人的重要性。

2014年,我在赫芬顿邮报上撰文讨论了这一变化。2003年,企业活动集中在商业战略、市场营销和全球化的框架。2014年,人们演讲和关注的重点开始转向组织中的员工及员工关怀的重要性。虽然这种观点并不新颖,但在很长一段时间里它都没有得到人们的普遍接受。然而,在2014年的那场活动中,它获得了人们的热烈欢迎，这种观点终于成了主流。事实上，《福布斯》杂志在2015年3月刊登的一篇文章就追溯了"文化"这个词在过去一年的兴起，认为它已经成为"公司董事会中最重要的词之一"，而且指出"关注文化的公司正在成为求职者的新圣地"，因此产生了推动商界关注文化的新的紧迫性。[6]

近些年来，人们越来越呼吁企业领导力要更多地以人和文化为中心，而不再以战略为中心，这让我们明白成功是如何始终建立在认识并激发人和文化潜力的领导力之上的。这也是我写这本书的初衷。我致力于关注文化和人的领导力研究长达10年之久，我希望能够与人们分享我多年来从我们这个时代最伟大的政商领袖的头脑中收获的信息，从与他们不断的交流中获得的智慧，以及体现真正指导原则的自发反应，这些原则让领导者改变了世界。我将我分享的最有价值的概念进行了提取，然后按照一定的框架重新编排，最后再加上我自己的分析，在随意翻阅这本书的过程中你可以轻松地找到它们。

除此之外，我还想在关注人和文化的同时添加一些我认为新颖且独特的东西：我意识到的一件事是，通过关注人和文化来领导其实就是通过情绪进行领导。例如，虽然也有许多领导者谈到激情和奉献，但那都是顺便一提，而非郑重强调。对我来说，关注人和文化的领导力其实就是为了产生一些特定的情绪，所以我想和你分享我称之为新型CEO的观点。新型CEO就是首席情绪官，因为领导力完全与情绪有关，而文化是一个整体环境，人们在这里能够寻找到必须集中精力进行情绪领导的要素。也就是说，为了成为 21 世纪的成功领导者，你必须通过情绪领导下属，这就意味着团队要培养一种强大的文化。这就是我多年以来学到的东西。

在我的职业生涯里，我曾采访过许多世界领导者，他们也都是和你我一样的血肉之躯。虽然他们很有权势，也非常成功，但他们也是情感动物，他们也有恐惧、梦想和幻想。在我与他们交流的过程中，有些人分享过一些私人故事，比如约会经历，也有一些人承认他们在接受采访前会怯场，还有许多人承认他们不确定观众对他们说的是否感兴趣。

这些"缺点"表明，世界上最杰出的领导者其实也不过是普通人，这一点对我们所有人来说都是个好消息。事实上我想要说明的是，在这本书里，当我提到"领导者"这个词时，我指的包括你和我。这个角色并不局限于某个特定职位，任何希望改变现实、改造社会、让社会变得更好的人都是领导者。最后，我们可能无法像杰克·韦尔奇、谢家华或者其他你将在这本书中读到的著名领导者那样成功，但我们能够从中意识到自己的潜能，并且每天提高自己，从而取得更多成就。这是关于个人成长的愿望，也是关于成为一个更优秀的人并且帮助他人成为更优秀的人的愿望。归根结底，领导力就是要和他人一起建立一个更美好的世界。

虽然听起来有些老套，但这就是我说的领导力。

我衷心祝愿你能够接受这些信息，并在你最需要的领域里按照自己的方式使用它们，进而推动自己成长为一个更好的领导者和更优秀的人。

第一章

文化及其结果

企业文化并非企业战略的重要补充,企业文化本身就是战略。

——吉姆·柯林斯
畅销书作者兼领导力专家

文化就是战略

在第一章中,我们要对文化和战略做出区分,换句话说就是区分那些硬变量和软变量。硬变量是指所有与数字和战略有关的因素以及与商业设计有关的变量,比如我们将如何竞争,如何管理财务,价值定位是什么,应该在营销上花多少钱,以及如何分配这笔资金等问题。至于软变量,它们主要与人、领导力、文化、情绪、价值观和行为等因素有关。战略是统领所有硬商业变量的保护伞,而文化管理所有的软变量。

从这种意义上来说,战略和文化是企业成功的两大支柱。这两组变量共同决定了企业的运营方式及最终的盈利能力。只依靠其中一组变量就像运动员只依靠一只脚跑完整场比赛一样。打个比方，只关注战略就好像你相信可以不需要骑师，仅靠一匹纯种马就能赢得赛马比赛一样，或者你相信自己会赢得划船比赛，仅仅因为你有一艘好船，即使你没有船员来驾驶它一样。领导者要想获得成功，必须同时依靠战略和文化。

赫布·凯莱赫是美国西南航空公司的联合创始人兼名誉主席，他在1971—2008年一直担任该公司的CEO。在一次精彩的采访中，我请他解释战略和公司文化之间的区别。我们当时坐在他宽敞的办公室里，那里看起来一点儿都不像CEO的办公室，反而更像青少年的房间，因为里面摆满了飞机模型、棒球装备和丰富的纪念品。他当时的解释十分简洁明了：

> 当拿破仑在巴黎与他的将军围坐在一张桌子旁讨论该如何入侵俄罗斯时，他们正在制定战略。但是，是什么促使100万法国士兵进军莫斯科？是文化。

因此，文化是让100万法军向莫斯科进发的主要驱动力，他们充满自豪、努力、奉献和对成功的渴望，即使胜利的天平已经在不知不觉中向莫斯科倾斜。

是的，不管什么类型的公司，要想获得成功可能都要依靠战略和文化两大支柱。但正如我们在序言中所说的，现在绝大部分公司只关注战略和硬变量。与过去几十年照常营业模型强调战略相比，文化基本没有得到高管和业务经理的关注。

很明显，没有任何硬变量或其相应的框架体系中包含着人的因素。事实上，如果我们研究一下照常营业学派建立的不同职能领域，就会发现人只不过是其中可有可无的因素，只在诸如"职位描述"和"绩效评估"等模块中偶尔出现。但人的诸多良好品质——正直、情绪、雄心等都没有在这个框架中得到应有的体现。任何与管理人员相关的事情都被归类到一个叫作领导力的大保护伞之下。如图 1-1 所示，照常营业模型并没有将人融入这些变量，与之相反，它将人割裂为一种可以单独处理的因素。

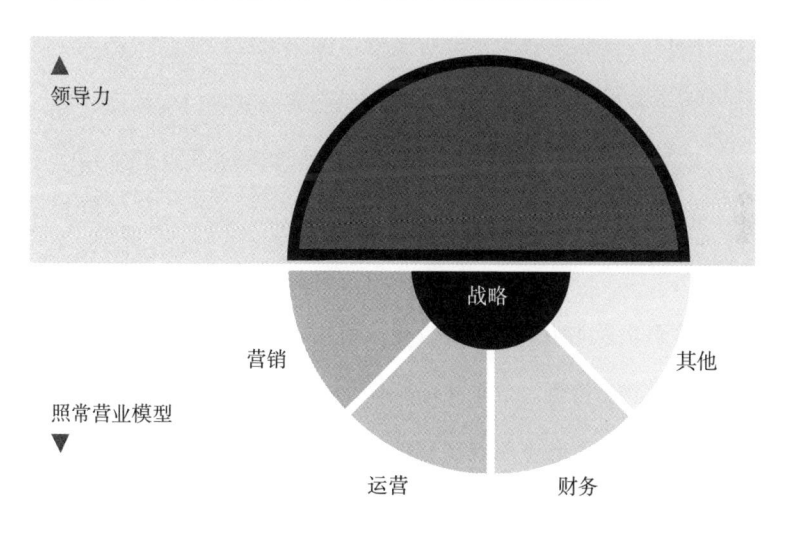

图 1-1　领导力—照常营业模型双重框架

当然，我简化了一些东西。文化和战略不是完全独立的变量，它们之间有密切的关系。文化在战略执行过程中是一个非常重要的变量，能够影响人们做什么、如何做以及如何竞争。沃顿商学院战略管理名誉教授拉里·赫比尼亚克解释道：

> 但也有许多其他东西确实能影响文化，而且这些东西对执行也非常重要。战略、行业和竞争力、结构、激励、控制、组织人才和能力等，这些都是相互作用的，共同影响战略执行和文化。文化既是一个独立的因果关系因素，也是一个受其他因素、变量和力量影响的因变量。所以，虽然关注文化是应该的，但我们也应该关注那些相互作用的其他因素，它们对成功执行战略也很重要。成功的战略执行是许多相互影响的因素和决策共同作用的结果。

然而，企业历来只关注战略，因此大家已经挖掘出战略规划的大部分潜在价值。由于大部分企业过于强调战略的重要性，而忽视了文化，因此企业现在有机会让文化倍增结果了。如果领导者能够意识到文化资源尚未被开发，他们就能够释放出大量的能量，从而帮助企业建立和发展，使其远超现在的范围。

最后，我们总会面临相同的问题：创造价值的最好方法是什么，我们应该利用文化还是应该只关注战略？当我们谈到究竟这两个因素中的哪一个最有可能增加组织结果产出时，我们必须扪心自问：文化和战略哪一个更重要？

你可能已经猜到我的答案了，在这一点上我赞同彼得·德鲁克的回答："战略是文化的早餐。"

我坚信，现在是时候让我们所有人集中精力管理文化了。战略已经使用过度了，所以我们应该更多地关注文化。文化尚未被开发的价值非常巨大，这也是它更重要的原因。

惠普前CEO卡莉·菲奥莉娜在任职期间，成功将惠普打造为全球最大的个人电脑制造商，她认为软变量十分重要，是企业成功的关键因素。

> 最后，你必须开始关注文化和行为，我将其称为"商业软件"。

谈到菲奥莉娜的"商业软件"这一概念，我十分好奇为什么人们这么重视硬变量和软变量的区分。这种区分能够让我们更好地理解它们吗？两者的区别在哪儿？在克里斯蒂娜·柯利娅的新书《3G资本帝国》的序言里，畅销书作者兼领导力专家吉姆·柯林斯对这种困境给出了有趣的回答："企业文化并非企业战略的重要补充，企业文化本身就是战略。"许多研究及实例都表明，当充分利用文化时，强大的文化能够使结果倍增。在大多数情况下，你需要正确的战略和强大的文化。然而，当你认识到文化是一种独特的竞争方法时，你会发现事实上文化就是战略的本质和核心。

对此我想给出我的答案：文化和战略哪一个更重要？我要套用比尔·克林顿的答案——"是文化，笨蛋！"如果你想成为首席情绪官并通过情绪领导你的团队，像拿破仑激励他的军队那样激励你的团队，那你的当务之急就是培养一种强大的文化。

什么构成组织文化

我们一直在讨论文化，但文化是什么？对于这个话题，即使是该领域最杰出的专家，或者是公司文化最优秀的实践者也都承认，建立一个全面的且被人们广泛接受的关于公司文化的定义是多么困难。或许，我们可以听一下凯莱赫是怎么说的。

> 文化很难定义，但我们或许可以借鉴一下美国最高法院对"色情作品"的定义：当你看到它的时候，你就知道它是什么了。[1]

事实上，当你审视一家企业时，你真正看到的不是企业文化，而是它的影响。对我们大多数人来说文化很难定义,它就像重力,你看不到它,但你能够时时感觉到它的影响。

组织文化和我们通常所说的文化之间的区别不只是规模问题,还是范围问题。从广义上来说,文化在社会层面起到的主要作用是"特定社会、组织、地点或时间的信仰、风俗、艺术等"。[2] 它反映的是一个社会所接受和期望的"一般价值观"和"行为"。并且在很多情况下,不管社会中发生什么事情,文化都能够充当背景角色。比如,文化能够定义一切,从一个社会对准时的参数、时间的重要性、人们的穿衣方式到责任、对成功的渴望,甚至是"成功"这个词的含义等方面。

肯·罗宾逊爵士是一名作家、演说家和国际教育咨询家,对他来说,"文化是一系列允许或不允许的集合,你不用问别人就能够知道是否被允许"。这个定义关注的是允许行为的规则,不仅是那些被人们接受的行为,也有那些被期望的行为。这虽然很重要,但也可能产生误导。如果你以为只要设定目标或者正确地定义过程、任务和功能就足以产生积极文化的话,那就大错特错了。这些东西必须还要结合更大的价值观或者信念体系。因此,文化通常可以定义为一套共同的信念、思想、感觉和情绪,这些东西都是看不见的,但能够产生一系列看得见的行为,这些行为构成了一个组织的身份标签。

同样地,组织文化也包含共同的愿景、一整套信念和一系列组织中所有成员的共同价值观和行为。然而，我喜欢将文化定义为你对组织成员产生的情绪影响。

积极向上的文化能够促进目标感、归属感和集体感的产生，能够营造忠诚、信任、自尊、自豪、希望、激情、快乐、感激的氛围，总之就是你的所有团队成员能够产生的积极心态。

你会注意文化能够产生不同的情绪和精神状态。积极向上的文化与组织成员的正面情绪和精神状态成因果关系，从而产生一系列可取的行为。在文化范围中，一个人能够管理其他人的心灵和思想。

如果你能够创造和管理这种文化，你就会充分利用所有的人力资本。这就是文化的力量，你能够点燃其他人的热情。积极的文化允许团队成员探索并使用他们的激情、创造力和能量。当你能够建立这种精神状态时，你不仅能够在个人层面使绩效最大化，而且能够在组织层面实现这一点。个人能更好地工作，组织能协调一致并提高绩效。文化能够通过其独特的价值观唤醒人们的力量，并且使人们朝着组织的愿景努力。这与赫布对"色情"的定义是一个道理，哪里有文化，你就能在哪里看到它的影响。

当然，这里有许多不同类型的文化，从基于服务、人或某种风格的文化，到依据绩效、结果、目的、创新或所有权的文化。在一个组织中发挥作用的文化类型显然与其产品、市场、战略甚至领导人的性格有关。比如，投资银行绝对不会推崇创新文化，它们可能推崇绩效和结果文化。稍后在讨论管理组织文化时，我们会更加详细地讨论不同类型的文化。现在，我主要讨论不同类型的文化如何产生不同的结果。因为，无论我们能否定义文化，或者真正描绘出组成这种文化的情绪图景，我们都能够真实地认识到它的影响。

文化的价值：文化倍增结果

在分析管理和领导力等议题时，文化之所以没有像战略那样得到研究和关注的原因之一是，与所谓的硬变量相比，关于人和文化的软变量更难衡量。如果这些软变量真的难以衡量的话，我们应该怎么办？忽略它们吗？就因为这些看不见的变量难以理解和衡量，人们就选择忽略它们，好像这些变量对组织的绩效不重要一样，这一点十分可笑。

文化的力量，比如鼓舞人心和斗志，给予他们一个目标和一种归属感，这些确实无法在会计报表中体现出来。然而，文化本身就是一项重要的资产。虽然文化是公司价值的主要创造者之一，但由于我们对衡量价值创造持有偏见，文化并不总是被认可。事实上，为了弄清楚创造价值的最大机会在哪里，我们必须先弄清楚应该如何衡量价值创造。

通常我们有两种方式衡量价值创造。第一种是通过对未来自由现金流量进行贴现的方式。大多数业务人员都知道成本或收益变化对未来现金流的影响，而且这些变化最终也会反映在会计报表中。

第二种衡量价值创造的方式是通过企业资产价值的累积。这种方式的难点在于，会计标准总是非常保守，因此真正的资产价值几乎难以在资产负债表中得以体现。就建筑物或者不动产等有形资产来说，人们更容易看见它们实际价值的变化，因为它们的市场价值更容易预估。无形资产的价值只有在你为它们付钱时才会出现在会计报表中。

因此，无形资产由于没有简单的市场价值评估方式，而难以出现在会计报表中。以下我会列举关于无形资产的三个很好的例子：第一，创建一个知名品牌；第二，巩固忠诚顾客的投资组合；第三，建立一支忠诚、高效的员工团队。前两个例子是与顾客有关的资产，第三个例子是与文化有关的资产。这三者虽然创造了巨大的价值，却都没有被财务部门注意到，[3]因为他们的眼睛只会盯着资产负债表。这将导致我们对价值认识出现严重错误，而且很可能导致这些资产得不到妥善管理。

在更极端的情况下，会计部门可能将我们引向错误的结论，或者让我们无法通过文化建立价值。艾伦·朗是比弗利山庄的一名房地产企业家，是道尔顿·布朗&朗房地产经纪公司的合伙创始人之一，他与我分享了一个很棒的故事。

艾伦在芝加哥洛约拉大学获得化学和美国文学学位。有一次他在加利福尼亚州度假，在那里他碰到了当地一家知名房地产经纪公司的老板，他被艾伦的态度、魅力和营销能力深深地打动，然后为艾伦提供了一个在洛杉矶西区经营房地产的工作机会。这对艾伦来说是一次彻底的职业改变。1987年，艾伦与他人合伙建立了自己的房地产经纪公司。2003年，该公司的销售额达到了3.3亿美元，并在洛杉矶地区的9个办事处拥有600名业务员。2004年，他收到了一份来自其他房地产公司的收购邀约。这时候，他已经学会通过计算净现值的方式来评估公司的价值。有一天，他告诉我，"如果我读了MBA的话，我可能永远都无法建立并壮大自己的公司"。

"什么？你为什么会这么想？"我惊讶地问道。

"因为促进公司业绩增长的一大助力就是我给业务员的提成比竞争对手高一些。虽然这只是一个很小的附加百分比，但这么做确实激励了他们，并且让我吸引和留住了许多优秀的员工。但当我学会如何评估未来现金流的价值时，我才发现多给员工的那些提成已经让我多花了数百万美元。如果一开始就知道的话，我肯定不会这么干。"他总结道。然而，考虑到他有效的管理方式，取消提成肯定是错误的。归根结底，要感谢他与传统商业思维和主流战略价值观不一样的管理策略，最终帮助艾伦建立了一个伟大的商业帝国。

一位南美房地产企业家为我讲述了一个相似的故事，同样见证了文化的力量。当时我们在讨论人的重要性，他说："上个月，我的一名明星业务员整天愁眉不展的。我跟他聊了聊，问他发生了什么事情，他告诉我他的女儿在学校出了问题，这让他非常担心。'回家待几个月吧，等把所有事情弄好再回来。'我对他说，当然这几个月的工资照付。"在这位企业家的眼中，战略联盟和他最优秀员工的价值很显然超过了那几个月的工资。他就是正在公司和员工之间建立关系并且进行投资。但对大部分高管来说，商业里的一切事情都与交易有关，白白付给员工几个月的薪水却没有任何回报，这简直太荒谬了。

这带给我们的启发是，那些你创造和积累的无形资产，尤其是重视人的价值的文化，它们无法直接体现在财务报表中。会计部门无法彻底衡量价值的创造，因此在计划如何创造和管理业务时，其作用也有局限性。最终很明显的是，不管是否在会计报表中得以体现，任何资产都能够创造现金流，不管是通过企业本身还是通过出售这些资产。但你要弄清楚哪些因素在创造价值，特别是那些与文化有关的因素，因为尽管管理良好的文化能够倍增结果，但其产生的影响经常更加难以确认。

矛盾也随之而来，一方面文化得以衡量，其对结果产生的巨大影响也得以展现；另一方面文化成为"赢得商业竞争力"的核心和"维护商业独特性"的基石。但我们能确定的是，培养强大的文化能够产生切实的经济效益。

▶ 为什么文化这么重要 ◀

答案很简单,"文化倍增结果"。

不管团队的目标是增加销量、提高公司净利润,还是吸引更多会员加入非营利组织,我都坚信以上观点。事实上,不管你努力的目标是什么,一种强大且积极的文化总是能够让结果倍增。

我说的"倍增"不是指10%或15%的增长。这些数字尽管看起来很诱人,但跟我说的数字相差太多。当我说倍增的时候,我指的就是字面意思。因为,实践证明,一个受到良好管理的公司文化能够促使公司实现100%甚至200%的业绩增长,也就是说实际业绩是原定目标的2~3倍。这才是我们所说的文化影响力的量级。

▶ 公司文化对结果的影响 ◀

以下案例都来自我在商业活动中的亲身实践和我目前所在工作领域的见闻,能够让你相信文化对结果产生的显著影响。

首先,我想跟大家分享一些研究成果,用定量的方式展现文化的影响。第一项研究来自卓越职场咨询公司。卓越职场咨询公司是一个全球性的人力资源咨询、研究和培训机构，专注于组织信任研究。它成立于1990年，主要根据公司员工的意见甄别美国最适合工作的公司。

今天，通过一系列的调查研究，该机构评估了全球50个国家的约6 000家公司组织，这些公司的总员工数超过1 000万。通过分析这些数据，该机构每年都会发布排名，突出那些基于信任、自豪和友情等指标的工作环境，因为这些指标是提高组织业务绩效的关键推动力。

卓越职场咨询公司从领导者和员工的视角来定义理想的工作环境，因为其在长期研究中发现，全球的公司组织都是通过增强领导者和员工的关系来构建良好的工作环境，而非简单地遵循公司规章制度和惯例。

从员工的角度来看公司，决定理想工作环境的最重要标准是信任——员工必须能够信任他们供职的组织。这种信任主要是通过管理层的可信度、员工感觉自己受到的尊重，以及员工期望被公平对待的程度来创造的。该机构还指出，鼓励信任的组织还能够培养员工完成工作的自豪感和满意度。

领导者如何认识组织同样至关重要。卓越职场咨询公司的调查显示，理想的公司应该是这样的：员工在领导者的带领下努力拼搏，实现公司的预定目标，这一切都是在友好和信任的氛围中实现的。

另外，投资强调信任的组织文化能够产生切实的结果。拥有最佳工作环境的公司不仅离职率比行业平均离职率低一半（这样就节省了员工招聘和培训的费用），还能够产生更好的财务业绩：有些组织产生的回报是投资的两倍多，在其他一些案例中，年利润额增长甚至高达1 200%。[4]

考虑到信任在建立强大的企业文化中发挥的作用，该机构建议所有企业都要鼓励员工、同他们交流、倾听他们的意见，只有这样才能够建立信任。除此之外，领导者应该关心他们的员工，在职业和个人发展方面帮助员工，感谢他们在工作上的付出。通过这种方式，在招聘、分享和庆祝的时候，管理者和员工能够像一个团队和家庭一样行动。我之所以在这里说这些是因为，正如你将在本书后面章节中看到的，这些建议采取的行动是所有伟大文化的基石。

我们可以从里滕豪斯排行榜坦率调查中看到行为的影响。受到沃伦·巴菲特对坦率的关注的启发，劳拉·里滕豪斯开始衡量公司员工在交流过程中的坦率、诚实和透明度，将这些与财务业绩相联系，然后对公司进行排名。在过去的5年里，排名在前1/4的公司股价比标准普尔500指数平均高9.5%，这一数据表明鼓励坦率等行为的组织文化能够让团队表现得更加优秀。

除了这些发现，约翰·科特和詹姆斯·赫斯克特等人还证明，文化和结果之间有正相关关系。[5]约翰·科特是哈佛商学院的教授，同时还是一位著名的领导力演讲家，他与哈佛商学院的同事詹姆斯·赫斯克特教授合作着手进行一项关于文化和长期经济增长之间的关系的调查。他们最终的研究成果发表在《企业文化与绩效》一书中，这本书的研究成果十分具有突破性，他们的发现提供了有说服力的量化证据，证明软变量远不只能创造良好的工作环境，还是支撑经济长期增长的基石。

作为科特和赫斯克特研究的一部分，12家公司报告了它们过去11年的财务情况。通过研究这些数据，科特和赫斯克特发现，拥有强大且管理良好的组织文化的公司每年的平均收益增长幅度是682%，而那些没有强大组织文化的公司增长率是166%。类似地，前者的劳动力增长了282%，而后者的增长率是36%。除此之外，以下两类公司的累积股价也表现出了截然不同的趋势：拥有良好企业文化的公司股价增长了901%，而那些没有良好企业文化的公司股价只增长了74%。这得到了独立财务分析师的呼应，他们声称公开上市的100家最佳公司的股指总是比其他主要股指高出两倍左右。

关于这种趋势的另一个有意思的案例就是自觉资本主义，这一理念由许多商业人士发起，包括全食超市的联合创始人兼CEO约翰·麦基，哈佛教授兼美敦力公司前CEO比尔·乔治，货柜商店CEO基普·廷德尔，还有星巴克的董事长兼CEO霍华德·舒尔茨等人。自觉资本主义大概兴起于1995年，它坚持的

4项主要原则分别是：更高的目标、自觉的领导力、自觉的文化和利益相关者导向。这4项原则中的每一项都是以人和全球利益相关者的福祉为中心的独特文化的一部分。你能够想象上市公司把员工和环境放在首位吗？更别提还是在20多年前战略管理大行其道的时候提出的。这是不可能的，但这些公司的财务表现让人大吃一惊。由拉杰·西索迪亚主持的一项研究表明，在1996—2011年，在28家自觉资本主义公司中，有18家上市公司的股价比标准普尔500指数高了10.5倍。[6] 货柜商店的CEO廷德尔主张"员工第一文化"，他对这一结果表示赞同："如果你把美国过去15年里自觉资本主义做得最好的公司拿出来跟标准普尔500指数对比，你会发现它们比标普指数高了14倍。是的，自觉资本主义真的有用，并非仅仅让你感觉良好而已。"

▶ 该领域专家的建议 ◀

除了教育机构和研究中心日夜不停地研究企业文化，许多企业家公开表示，文化是一种促进增长的重要方法。以下这些例子和信息就是来自我与一些领导者的访谈，现在我将它们分享出来。

杰克·韦尔奇最大的错误：没有考虑文化的影响

第一个其实是个反例，这是杰克·韦尔奇和通用电气公司在

1986年碰到的问题，当时他们刚收购了基德尔-皮博迪公司投资银行。这家拥有120年历史的公司已经连续5个财年没有实现增长了，而同期该行业实现了一倍的增长。这项交易能够帮助企业开拓更多业务，尤其是在企业融资方面。据专家表示，通用电气庞大的资本资源和金融专业技能会帮助基德尔"成为债券行业一股全新的活跃力量"。[7]

但现实不像专家预测的那么乐观。就在通用电气收购基德尔后不久，该公司就卷入一桩内部交易丑闻。在那个时代，内部交易丑闻层出不穷，虽然这只是其中一桩，但基德尔主要的套利者理查德·威格顿成为"唯一一个由于参与了内部交易而在办公室被警察带走的高管，这一幕后来出现在电影《华尔街》里"。[8]通用电气随后进行了一次内部调查，基德尔的董事长拉尔夫·德农西奥和其他两名高管被开除。但事情并没有就此结束。几年后，基德尔再次曝出交易丑闻，其虚报了1990—1994年的利润。随后媒体铺天盖地地对其进行负面报道，导致通用电气决定将基德尔出售给普惠公司，这桩交易只为通用电气带来了9 000万美元的收益，而当初收购基德尔时花了60亿美元。

韦尔奇将基德尔收购失败的案例称为他职业生涯中"最大的失败"。考虑到韦尔奇掌管通用电气时总共进行了600多次收购，这能说明很多问题。[9]2005年底，我在他位于波士顿的家里同他进行过一次谈话，他向我坦言：

> 我进行了一次失败的收购，从中我学到很多东西。我收购了一家企业文化很差的公司，这就是彻底的失败。当我们决定买下基德尔-皮博迪公司时，我只关注数字而非文化。投资银行跟其他企业不一样，它们是一种奖金文化。

他太过关注各种数据，而忽视了文化的重要性，并且承认这在之后对他造成了困扰。

如果你回想一下韦尔奇在他的职业生涯中取得过的辉煌成就，就能够明白这个小插曲表明了文化到底有多重要，因为它导致了"有史以来最伟大的CEO"的最大失败。当韦尔奇和他的顾问团队决定收购基德尔时，文化真的应该为他们所做的所有定量分析负责任吗？文化真的有这么大的威力能让企业管理大师失败吗？如果文化真的这么重要的话，那么它为什么在各种战略模型中都没有得到足够的重视呢？

杰克·韦尔奇成功的关键：赢的文化

我们在上一节已经看到，韦尔奇将之前的商业错误归咎于自己没有思考文化的作用，那他在通用电气是如何取得成功的呢？在他掌管通用电气的20年里，他彻底改变了这家公司，将其从一家市值140亿美元的公司打造为一家市值4 000亿美元的巨无霸公司，这是美国企业历史上最大的价值创造。杰克·韦尔奇将通用电气变成一家成功公司的关键是什么？

让我们一起来看看是不是通用电气的商业战略让其获得了这种巨大的成功。韦尔奇将他的商业战略定义为"在所有特定行业成为第一名或第二名"，但按照许多商业管理专家的理论，这甚至都达不到战略的最低要求。回想一下我们之前对战略的定义，这跟韦尔奇的"战略"很难相提并论。"在其从事的每个行业都成为第一名或第二名"最终也没有回答"它是如何竞争的"这个问题，也没有回答它在哪些方面是独一无二的。而且，对通用电气庞大的子公司来说，也不存在单一的全球战略，因为这根本无法实现。如果你经营的领域横跨数百个行业，从电灯泡到喷气发动机，那么每家企业都有一种战略，即一种具体的市场竞争方式，而且这种战略肯定与其他企业不同。通用电气是如何在这数百个行业里都获得战略优势的呢？

但是，如果"成为第一名或第二名"不能算是战略的话，那么通用电气到底依靠什么获得战略优势？答案是文化，是通用电气的整体文化，这种文化就是"赢的文化"。是的，通用电气与其他公司的真正区别就在于其共同的赢的文化。每个人都想赢，因此赢的文化就威力无穷。坚持不懈地追求胜利，并让团队成员将成功看作某种有形的东西，从而促使他们产生好的结果。杰克·韦尔奇当然也会获得一个好的结果,一个指数级的结果。

这种文化源自韦尔奇的性格、个人哲学和愿景。他解释道:

> 我的人生哲学建立在4根支柱之上。首先,你要明确自己的使命。其次,你要提出一套员工的行为规范。这样一来,你的使命和价值观就定义了你要前往的地点,以及你如何去和为什么去的问题。再次,就是我个人称之为坦率的东西。坦率就是你不能信口开河,而是要直接对所有人说出你的真实想法,你要怎么做……最后,就是差异化,包括软变量和硬变量两方面。对硬变量而言,你要让你的业务和产品与众不同,郑重地做出决定要把资金投在什么地方……坦率也就意味着你与他人的差异化,把自己最好的一面发挥到极致……你对处于中间70%的员工进行培训,向他们展示通往顶层的道路,而对处于最底层10%的员工,你就要劝退他们。没有坦率的话,你就无法实现差异化。

在通用电气,杰克·韦尔奇制定了一套体系,用来施展他的商业哲学:赢的文化建立在一套强大的价值观和行为(包括坦率和差异化在内)基础上,以便实现绩效。在建立通用电气独特的整体文化过程中,所有这些元素都非常重要。

通用电气集团旗下的所有子公司都有一个共同点，那就是它们在各自行业中都是领头羊或者排名第二的公司。如果它们不是的话，通用电气集团就会修复、出售或者直接关闭它们，就是这么简单。通用电气的目标就是让所有子公司都在所属行业处于第一名或第二名，这样就会创造并加强赢的文化。

比尔·科纳蒂在通用电气担任了15年的人力资源高级副总裁，正如他所解释的，"韦尔奇推动的文化另一个侧面就是'我们是赢家，输家只能出局'，并且建立了一套20/70/10的绩效评估体系。我认为差异化是绩效驱动文化的关键"。

韦尔奇致力于人才成长，招聘并留住最优秀的员工。为了确保这一点，他实施了一套20/70/10的绩效评估体系。每一年，公司都会根据员工的绩效和行为对其进行排名，公司会给前20%的员工各种奖励，如晋升、加薪、津贴、分红等。对于中间70%的员工，公司对他们的工作表示认同，并鼓励他们继续提升自己的绩效。最后，处于底层10%的员工则会被辞退。因此，年复一年，他在每个行业里都建立了最强大的人才资源池。

韦尔奇创造了有史以来最为成功的公司文化之一，其秘诀就是点燃员工的激情和灵魂，给他们设立一个愿景，并且提供在每一个行业都要获得胜利的必要元素。这就是美国企业历史上最大的价值创造的根源和原因。

赫布·凯莱赫：人的文化

赫布·凯莱赫创建的美国西南航空公司也是一个非常有意思的例子，它形象地展现出了文化对绩效的巨大影响。试想一下，你们有谁想收购一家已经亏损了十几年的公司，同时这个行业里的领头羊已经宣布破产？面对这种情况，我的第一反应肯定是，绝对不干，白送给我都不要。但如果这个公司是西南航空的话，那就是错过了一个天大的机会。

据美国《金钱》杂志统计，1972—2002年，如果把标准普尔500指数中的所有公司都算在内，西南航空公司对股东的分红最高。[10] 如果你在1972年买了西南航空公司1万美元的股票，那么到2002年这笔股票就会涨到1 020万美元，年均增长率高达25.99%！毋庸置疑，这是一笔非常高的投资回报。而且，考虑到不仅是在整体萎缩的航空业里西南航空公司的回报率最高，在美国500强企业里该公司的回报率也是最高的，那么你就能够理解西南航空公司取得的成就到底有多么巨大。

是战略让西南航空公司取得了这么大的成就和这么高的盈利吗？

西南航空公司创始人兼前CEO凯莱赫将公司成功的战略归结为"成为低价、高频、短途、点对点的航空公司"。这家公司将这一战略执行了超过40年。因此从纯粹的战略角度看，我们很难进行区分，也难以找到一种有价值的战略模型，因为这种战略无法解释如何在一个过度竞争的市场里获得可观的利润。既然如此，我们就只能从其他地方寻找这种利润的来源。

有一次，我在赫布位于达拉斯的办公室里对他进行采访，有机会听到赫布讲述自己令人惊叹的成功故事。我问他，在他看来西南航空公司的竞争优势源自什么。他解释道：

> 我始终认为，我们的团队精神和对待员工的态度是最大的竞争优势。你知道的，人们都喜欢被善待，而我们的员工这样做是出于他们内心的善良。与其他航空公司相比，这就是西南航空公司最大的竞争优势。

当谈起自己的公司和员工时，赫布十分坚定和自豪，对此我深有感触。这是一种快乐和喜悦，一种因为建立了比自己更伟大的事业而产生的自豪感，这种以人为本的文化最终创造出了巨大的成功。和赫布交谈非常愉快，他让人感觉很舒服，而且他脸上总带着笑容。几个月后，当我邀请他来纽约参加探戈课程时，他对我说，"我的激情来源于员工"。他告诉我们，正是员工构成了公司文化。

在赫布的信念里，西南航空公司最大的竞争优势就在于其文化。事实上，西南航空公司的"行业日"就是一个十分有说服力的证据。赫布告诉我，在"行业日"，西南航空公司会打开大门,邀请其他组织(包括自己的竞争对手在内)的管理者分享公司的流程和运营实践。乍看之下,一个公司向其他公司分享自己的运营机密十分不合常理,但即使西南航空公司分享了自己的机密信息,也没有竞争对手能够复制。在赫布看来,这都没什么好怕的。

> 只要时间和金钱充足,你的竞争对手可以复制你所有的东西,他们可以用高薪挖走你身边最优秀的员工,可以用逆向工程学模拟你的操作流程,但只有文化是他们没办法复制的。他们可以复制我们做的事,但复制不了我们的人或信念。如果没有这些,你就无法成功。

西南航空公司的独特之处不是其操作流程,而是其独特的文化,它将人作为整个公司的基石。这是别人无法复制的。

这就是为什么即使我们抛开杰克·韦尔奇在通用电气的例子和赫布·凯莱赫在西南航空公司的例子,仍然能够在其他地方看到,重视文化、拥有一种强大文化的公司总是能获得竞争优势。

从重视人才的文化到重视人和价值的文化

不要误解了我的话。下面我们一起看一下成功的线上鞋类零售商 Zappos 的 CEO 谢家华讲述他目前的成功和过去遭受的挫折。

对谢家华来说，文化比战略更重要，以人和价值为中心的参与式文化比只关注专业技能和等级制度的文化更加可取。有一次，我们在纽约的一家酒店里进行了一次电视访谈，他非常随意地告诉我：

> 自从创办 Zappos 以来，对我来说文化一直都是最重要的事情，直到今日，它都是公司最优先考虑的事情。我们的信念是，如果我们培养了正确的文化，其他事情，比如提供优质服务或建立一个持久的品牌，都会水到渠成。很明显，这些都取决于你的文化是什么。

谢家华现在一直把文化当作优先考虑的事情，但他并不是自始至终都是这么做的。事实上，可能就像杰克·韦尔奇所说的，他之所以意识到了文化的重要性，是因为他付出了惨痛代价。

1996 年，谢家华跟哈佛毕业生桑贾伊·马丹一起创办了一家互联网广告公司叫作"联系交换"，这家公司发展非常迅速，在 90 天内，就有超过 20 000 个合作链接网页，到 1998 年，该网站已经拥有超过 40 万名会员。谢家华在一开始创办公司时，喜欢雇用朋友或者朋友的朋友。在这些人才逐渐流失后，他觉得要想实现持续增长最好的办法就是"雇用最优秀的人才"。所以，之后他是这么做的：雇用一些领域内顶尖的、最优秀的工程师和专业人才到他的公司工作。

然而，谢家华很快就意识到公司现在的氛围不是他想要的。事实上，他觉得在公司里越来越不开心，尤其是他觉得跟自己雇用的人待在一起不舒服。大部分员工之所以被雇用，是因为他们都是"该领域的佼佼者"，这就导致了一种自负情绪，他们眼里除了结果和金钱其他什么都不在乎，这跟谢家华所希望的价值观截然相反。他意识到自己希望跟有才华的且具有人格魅力的专业人士一起工作。他想在一家文化友好的、像家庭一样的公司里工作。他终于意识到自己本来想要的是一种由激情、员工和愿景驱动的公司文化，但最后自己创造了一种人才驱动、等级森严、人情淡薄的公司文化。

在这里我认为重要的是，要注意谢家华希望创造的文化反映了他自己的价值观。这就是谢家华希望能在团队成员身上寻找到的特质，既反映了他自身的价值观，也是让他成为成功领导者的最大特质。事实上，大部分成功的领导者都会寻找那些跟自己具有同样特质和价值观的员工，要想创造一种强大的、百战百胜的文化，这种互补性是十分关键的。

作为这家互联网广告公司的创立者和CEO，谢家华意识到要改变这种文化非常困难，因为这需要重新改变整个团队，也就是对公司进行彻底的重组。他对这种状况十分不满，有一天醒来，他意识到自己不想再在这家公司待下去了。很快，他就以2.65

亿美元的价格将自己的股份卖给了微软公司，然后离开了这家公司。

两年后，谢家华投资了一家小型线上鞋类零售商，并且成为该公司的 CEO，2000 年，公司的营业额就达到了 160 万美元，这家公司就是 Zappos。在了解了文化的重要性之后，谢家华现在有机会专注于与他喜欢的人建立团队。谢家华告诉我：

> 我们优先考虑的是文化而非战略。我们雇用或者解雇员工都是根据我们的核心价值观，与工作绩效完全没有关系，即使那个雇员是明星员工也需要遵循这一点。

凭借这种指导理念，他将 Zappos 打造成一家非常成功的公司。在谢家华加盟 Zappos 近 10 年后，这家公司的营业额达到了 10 亿美元。2009 年 7 月，他将公司以 12 亿美元的价格卖给了亚马逊。

Zappos 能取得如此巨大成功的原因就在于其公司文化，这种文化关注的是人而非战略。在第七章我们还会回过头来仔细研究 Zappos 的文化，探讨是什么构成了其文化的独特元素。但现在，我们可以将这个独特故事的寓意进行总结。

最好的文化不是简单地通过雇用最优秀的专业人才来促进卓越的文化，而是创造一个合作的环境，培养开放和诚实的员工关系，以及尊重人的价值观。最好的员工并不一定是那些纯粹的专业技能突出的人，而是那些有能力做好本职工作，坚持公司的价值观，并且每天都能按照公司文化生活的人。

眼见为实：公司文化决定结果

数十年来，虽然人们都认为战略是结果的决定性因素，但文化促进商业成功的例子可能比人们之前想象的要多得多。除了韦尔奇、赫布和谢家华，许多其他伟大的领导者也非常认同这一点。

以路易斯·郭士纳为例，从1993年到2002年，作为IBM（国际商业机器公司）的董事长兼CEO，郭士纳彻底改造了这家信息科技巨头面临的局面，他将IBM所有的软件、硬件和服务等业务能力整合起来，为用户提供集成技术解决方案。在此期间，IBM的市值从290亿美元增长到了1 680亿美元。郭士纳从战略咨询行业起家，当接管IBM时，他认为文化是"任何组织构成和获得成功的几个重要因素之一，其他因素还有愿景、战略、营销、财务等"。但他在IBM任职期间意识到公司文化"不是游戏的一部分，文化就是游戏本身。归根结底，一个组织只不过是其员工创造价值的集体能力"。[11]

百威英博的CEO薄睿拓成功地将这家公司打造为啤酒行业的全球领导者，占有全球1/4的市场份额。他承认文化是决定公司成败的因素。他说：

> 唯一能解释不同公司表现差异的，我们称之为"梦想—员工—文化"。

虽然以上例子都很好地体现了文化对组织产生的影响，但下面我会谈到一个非常特殊的例子：维珍集团。

维珍：靠文化建立的公司

维珍集团是一个非常有意思的案例，一个无所畏惧的企业家一手缔造了一个庞大且利润丰厚的商业王国。这个王国包括400多家企业，横跨音乐、伏特加、太空旅行和金融服务等多个领域。集团创始人兼CEO理查德·布兰森从邮购唱片起家，创立了自己极为成功的集团，并且最终在1973年创立了叛逆而炫酷的音乐品牌维珍唱片。从那时起，他带领公司快速扩张到其他领域，涉足了风险较高的航空运输业，建立了维珍大西洋航空。2004年，他又创立了维珍银河，致力于实现太空旅行。随后，布兰森又野心勃勃地在2011年收购了旗下第一家酒店——维珍酒店。

有一次，我在无线电城音乐厅的后台跟他聊天，当时我们在准备上台，他对我说："我们的多元化战略是垂直分解的，因为我们进军的新行业跟原来的一点儿关系都没有。"事实上，一家唱片公司先后创办了航空公司、电话公司，最后是一家国际连锁健身俱乐部——维珍活跃，这之间根本没有什么战略联系。所以，如果不能从战略的角度来理解每个新公司背后的逻辑，那么我们就要从一种不同的视角来把握这种多元化的关键。

就跟杰克·韦尔奇在通用电气的例子一样，通用电气在全球拥有多元化的业务，但只依靠"赢"的文化才能对其进行整合，维珍集团的黏合剂也是它的文化。但跟通用电气不一样的是，维珍集团的文化是以创始人的性格特点为根基建立的，也就是竞争、乐趣、叛逆和炫酷。

维珍集团的核心价值观就是创新，还有物有所值、品质、乐趣和冒险，这与其创始人的个人风格完全一致。比如，布兰森喜欢听音乐，他觉得坐飞机旅行的人肯定不会喜欢无聊，所以维珍集团努力让飞机旅途变得更有乐趣。在20世纪80年代后期和90年代早期，娱乐性正是维珍大西洋航空获得成功的一个重要因素。除了可以在飞机上听音乐，乘客还可以看视频，有时候演员会现场表演哑剧，还有时候音乐家会进行现场表演。在一次飞往拉斯韦加斯的旅途中，维珍集团邀请了美国电视剧《蓝天使者》的演员到飞机上亲自为乘客提供鸡尾酒，乘客则抢先观看了新一季电视剧的第一集。但比起维珍集团提供的其他有趣的娱乐方式，这些方式就显得黯然失色了。比如，在维珍大西洋航空的首航中，布兰森一身飞行员的打扮，让乘客以为他要亲自驾驶飞机。还有一次，他打扮成空姐，身着短裙，嘴上擦着亮丽的口红。

维珍集团的优势来源于其努力帮助人们在他们最意想不到的地方获得快乐，并且不管进入什么行业，都勇敢直面行业竞争对手的挑战，可能这就是其创立维珍银河——世界上第一家商业太空旅行公司的动力所在。

此外，在维珍集团持续发展的阶段，布兰森和他最初的合作伙伴发现，当你工作的内容非常酷并且那是你热衷的事情时，就可以产生附加的收益，创造出一种为客户提供优质服务的文化。布兰森身边的人都是能够与他共享愿景和激情的人，这些人愿意与他人共同合作，将布兰森的梦想变为现实，并在实现的过程中享受乐趣。因为，快乐而健康的员工表现得更好，他们认同自己代表的东西，倾向于告诉别人并且分享自己的快乐，因此维珍集团的文化就变得非常有感染力。这带来的结果就是，成为维珍的员工非常酷，成为维珍的顾客也会变得非常酷。

这种文化能够创造价值，增加成功的可能性，促进共识，提高业绩。维珍集团从1967年一家单一的、面临亏损的公司起步，到1973年就成为一家年收入为1亿英镑的唱片公司。在20世纪80年代，维珍集团已经拥有100家子公司，到1993年维珍集团的收益已经超过10亿英镑。进入21世纪，24 000名维珍员工为公司带来了30亿英镑的收入。今天，维珍集团旗下拥有400家子公司，超过50 000名员工，收入达到150亿英镑。这个例子是如何证实文化能够为企业实现结果倍增的呢？

在这个例子中有一些非常值得研究的东西，那就是文化是品牌最核心的东西，我们会在后面详细讨论。或者反过来说，品牌就是文化的表达。而且，文化和品牌都是维珍集团战略的核心，是其独特的市场竞争方式。

维珍集团是一个非常好的例子，完美印证了吉姆·柯林斯在无线电城音乐厅反复提及的理念。

> 企业文化并非企业战略的重要补充，企业文化本身就是战略。

在过去，人们认为企业成功靠的仅仅是战略。但是，通过这一章的内容，我们看到了为什么一直被商界忽视的文化，也就是一个所谓的软变量，能够让结果成倍增长。文化是用目的、情绪、价值观和行为来点燃员工的内心，这种力量对绩效来说具有决定性影响。表达这种重要性的最佳方式是借助硬变量，也就是说，文化就是战略。

第二章

通过情绪进行领导：新型 CEO

团队是一种精神状态，一种情绪。

个人从根本上来说也是一种精神状态。

——豪尔赫·巴尔达诺

1986 年墨西哥世界杯阿根廷冠军足球队成员、皇家马德里俱乐部前总经理

我相信你已经发现了文化倍增结果的基本方法的例子，但我怀疑你会问自己：具体该怎么做？文化是怎么让结果成倍增加的？问题的答案就是领导力！领导力会让结果倍增。是的，我们都知道这一点，但我们以前总是趋于惯性思维，认为领导力主要是通过战略取得结果。针对以上问题，我将给出可能会让你耳目一新的回答。

正如我们在第一章所见，文化会产生情绪，由于领导者这一角色就是要创造和管理企业文化，因此其本质上是要产生某种情绪。领导者通过创造文化让结果倍增，因为文化能产生情绪，比如目标感、自豪感还有信任感。这些情绪会将员工凝聚到共同的愿景以及一系列价值观和行为之下，赋予他们行动的能量、决心和良好的精神状态。按照这种思路，不管是哪个层级的领导者，其首要责任就是塑造情绪，来加强并引导组织文化，由此产生预期的结果。也就是说，文化既创造情绪，反之也被情绪创造，正是这些文化对企业的成败产生了巨大的影响。因此，理解情绪以及情绪如何影响人的行为就非常重要。

什么是情绪

思考一下西南航空公司的"行业日"，当竞争对手来学习他们公司的工作流程和组织结构时，赫布·凯莱赫说：

> 他们中大多数人都想从中找到一种公式，以便能够放到黑板上进行教学。但这需要从内心出发，而不是通过大脑生搬硬套。

如果情绪在创造成功文化中扮演了关键角色，那么我们至少应该问一下情绪到底是什么。一项对流行词典的调查显示，人们将情绪当作一种伴随着生理和行为变化的强烈情感的主观体验。[1]由于多巴胺、催产素、内啡肽和去甲肾上腺素等激素对情绪产生的重大影响，[2]它们也经常与情绪、气质和性格产生联系，并对其施以重大影响。此外，对管理者来说最为重要的是，情绪是"积极或消极动机的驱动力"。[3]

将情绪视为一种驱动力的观点起源于这个词的词源。情绪（emotion）一词起源于拉丁语 emotio，表示"脱离静止的状态或者开始运动的状态"。因此，情绪就是指能够引导人们做出行动的生理和心理反应。在这本书里我会遵循这种解释，情绪和驱动力差不多是同一个意思，都是指驱动行为的心理状态。我会聚焦情绪如何驱动人们，或者更具体地说，情绪如何影响行为。

很明显，情绪也有积极和消极之分，如信任、自豪、归属感、目标感、激情、自信是积极情绪，而不信任、不满意、疏离感、无助感、沮丧、焦虑、冷漠是消极情绪。因此，情绪会以积极和消极的方式影响团队的表现。

情绪对行为的影响

要想看清情绪对行为的影响，体育项目提供了一个有趣的窗口。豪尔赫·巴尔达诺是1986年墨西哥世界杯阿根廷冠军足球队的球员，之后成了皇家马德里俱乐部的教练和总经理，他也是一位卓越的领导力大师。关于情绪对行为的影响，他表述得很清楚：

> 团队是一种精神状态,一种情绪。个人从根本上来说也是一种精神状态。在足球界,那些得到教练信任,得到记者尊重,得到球迷热爱的球员通常会取得卓越的成就。如果他们到了其他团队,失去了那些外部支持的话,他们可能会变得平庸。这里我们说的是个人。当我们谈论到许多人时,他们的精神状态就会产生不可思议的影响力。令人惊讶的是,无论是积极的还是消极的,一种精神状态都可以对一个团队的结果产生巨大影响。

他总结道:

> 当人们能够感觉到他们做的事情并且感觉到自己有一种使命感时,这种态度便能激励到团队中的其他人。

在体育运动中,人们很容易就能看出积极或消极情绪如何对球队产生重大影响。由于情绪的影响,运动员们能够形成一个拥有共同目标的、有凝聚力的团队,否则他们就会输掉比赛。此外,情绪之所以在体育竞赛中非常重要,是因为它能够释放内啡肽、多巴胺和其他抑制疼痛的激素,以此提高肌肉性能,从而获得成功。

但看了这个例子你可能会疑惑：如果我是市场分析师，我为什么要释放内啡肽来提高肌肉性能？我为什么在办公室里还需要情绪？这种工作难道不应该完全依靠理智和理性吗？这是否意味着情绪与某些学科无关？

人类在做出决策前通常都会经历一个理性思考的过程，然后做出相应的行为，至少我们是被这样教导的。但实际上，我们身体产生的化学物质一直都在影响着这个纯粹的理性思考和决策的过程。不管是来自外部环境的身体威胁还是复杂的内在精神状态，都会改变荷尔蒙、神经递质及其他生化物质的分泌量，从而改变或者影响我们做出的决策和随后的行动。

这些生化物质的改变会对我们产生或多或少的影响，这就是情绪。在特定条件下激发的荷尔蒙和神经递质会产生特定的情绪，诱导我们的身体做出某些行为。也就是说，环境会激发我们"感觉"到的被称为情绪的生化物质，并且诱导身体做出特定行为。由情绪产生的行为是积极的还是消极的取决于优秀的领导者能否意识到这些因素。

让我们再看两个例子。以荷尔蒙和神经递质肾上腺素为例，这些是我们的大脑在感到挑战、害怕、惊讶、愤怒和焦虑时分泌的物质。肾上腺素能对人们产生积极或消极的影响，这取决于决定其分泌水平的情绪环境。以遭受熊的袭击为例，当身体准备搏斗或逃跑时，大脑的杏仁体会刺激肾上腺分泌大量的肾上腺素，从而导致心跳加速并让血液快速涌向四肢。同时，肾上腺素还会让大脑边缘系统抑制大脑皮质及其认知功能。这时候我们不需要思考，只需要拼死搏斗或者落荒而逃。这是原始人而非理性人的生存本能。然而，在面对一头饥饿的熊时，大量的肾上腺素可能正是你需要的东西，但在面对一个粗鲁的竞争者或不文明的同事时，它并不一定能发挥出同样有效或者积极的作用。

皮质醇的影响也要视情况而定，它取决于其分泌水平。虽然它的主要功能与新陈代谢和心血管活动有关，但它和肾上腺素都是人们在压力条件下分泌的主要激素。它们的效果也有积极和消极之分。比如，在碰到抢劫、车祸、野熊袭击等需要"搏斗或逃跑"的场景时，皮质醇和肾上腺素扮演了重要角色。在这些情况下，它对于人们的生存是至关重要的。幸运的是，我们在生活中不太经常遇到这些压力情况，而且就算遇到也大多都转瞬即逝。事实上，在短时间内，压力促进皮质醇的释放能产生积极效果。短期内的"良好压力"通常与个人想要实现某些事情有关。在这种情况下，皮质醇会提高认知能力，让我们的大脑反应更敏锐。加州大学伯克利分校综合生物学副教授丹妮拉·考弗说："适量的压力是好的，能让你的反应、行为和认知能力保持在最优状态。"[4] 然而，不良压力或者长期压力是有害的，它会造成各种情绪障碍和焦虑症。这种情况下产生的皮质醇和肾上腺素会分散我们的注意力，抑制精神的集中，并让我们的认知能力趋于恶化。

长期处于不良压力之下会影响人的记忆力，不仅会严重阻碍我们的行为，还会造成严重的疾病。

事实上，消极情绪会让人变得更加愚蠢，因为这些化学物质会降低我们的逻辑思考能力，焦虑还会阻碍创新和理性认识。正如《重塑管理》的作者查尔斯·雅各布斯所说：

> 当我们失望时，大脑的运作方式与当我们快乐时是不一样的，它会反应变慢，我们的视野会变狭窄，我们无法再看到远大的图景。

当人们感觉害怕、焦虑或者不开心时，他们会犯愚蠢的错误，因为大脑此时无法正常运转。恐惧让我们处于戒备状态，不会选择去相信其他人。面对会引发消极情绪的外部环境，我们大脑的状态会远远低于正常水平。正如研究者克里斯蒂娜·波拉特所说："在非常不文明的环境里工作，人们甚至会忽略近在眼前的信息。他们无法像平常一样高效而优质地处理这些信息。"[5]

积极情绪会起到与之完全相反的效果，所以，理解内啡肽、多巴胺、血清素以及催产素等激素在促进诸如信任、快乐、自豪、奉献和幸福等情绪时扮演的角色就十分重要。比如，锻炼身体会刺激分泌内啡肽，内啡肽会抑制身体疼痛，帮助我们实现自己的目标。你如果曾体会过跑步的快感，那么就能理解这是什么感觉了。当实现一个目标时，我们的身体会分泌多巴胺。每当我们看到终点线或里程碑，将一件事情从待办清单上划掉，或者看见自己离目标越来越近时，我们都会分泌多巴胺！我们称这些情绪为骄傲、忠诚和满足。当我们实现个人和社会成就时，比如获得朋友或家人的认可，我们的身体就会分泌血清素，随之产生的情绪就是骄傲和快乐。此外，创造紧密联系、建立信任和加强友谊与高剂量的催产素有关。最后，当人们感受到积极情绪时，他们在高认知要求的任务上就会表现得更优秀，而且他们会更多地考虑集体而非个人。

不难看出，不同的情绪会带来截然不同的变化，并产生巨大的影响。情绪是所有组织的"血液"，就像血液疾病会危害身体甚至让人瘫痪一样，"坏血"也会让一个组织瘫痪。正如赫布所说，"不管它们在哪儿，不良态度会在整个组织里不断扩散。在所有特质中，我们认为态度最重要"。因此，领导者有责任明白他能够控制和使用特定的刺激去产生适当的情绪，从而提高工作绩效。

在反思了情绪能够造成巨大的影响后，我意识到自己一直都对这种现象视而不见。曾经有多少次，我看到公司的信任崩塌，以致员工总是采取防备的态度，只做分内之事而不再冒险或做梦；曾经有多少次，我见过那些专业人士在缺乏目标的团队中或者在充满敌意的环境里不断犯下愚蠢的错误并表现得极差。

在我整个职业生涯里，我见证过许多这样的场景。比如有一次，我亲眼见到一个拥有优秀学历背景和资深专业背景的市场分析师犯了非常低级的错误。当他得到公司的反馈时，他表现得非常防备，对团队也很不信任。总之，他变得非常难以共事。为什么会这样？因为他一直处于巨大的压力之下，害怕会失去这份工作，除此之外，他每天都要面对老板粗鲁的责骂。

6个月后，这个市场分析师已经蜕变为一名"明星"员工，因为他的专业素养终于开始显露。在一个能够指引和支持他的领导手下，跟一群值得信任的同事一起工作，这位专业的市场分析师开始表现得非常优秀。当然，其中区别就在于他的情绪状态。之前他与一个虐待他的老板共事，而现在他到了一个能够支持他的新环境中，二者形成鲜明的对比。这展现了领导者的巨大力量和影响力，他可以帮助每个团队成员创造合适的精神状态和情绪，从而改变个人和团队的绩效。这也就是为什么管理积极情绪和消极情绪对建设团队文化是关键的一步，对员工的个人绩效也是一个非常关键的因素。即使我们不知道这一点，适当的领导力行动也能够降低坏的神经递质，比如皮质醇和肾上腺素，增加好的神经递质，比如血清素和催产素。而糟糕的领导力正好起到反作用，会让我们的皮质醇一直处于过度分泌的状态，最后变得像前文中的市场分析师一样，大大降低了业绩。

新型 CEO：首席情绪官

这也是为什么领导者的工作就是管理员工的情绪。领导者应该管理自己和团队成员的情绪。领导者必须知道，他们的项目、行动和决策会对团队成员的情绪和精神状态产生什么样的影响。他们必须将这种意识作为管理这些情绪的起点，以及激发别人情绪的起点。事实上，对我们所有人来说，最大的挑战是意识到并且适当地管理自己及其他人在职场感受或表达的情绪带来的影响。

领导者的责任在于创造一个能够激励积极心态的环境和工作实践。人们自然都希望得到一个能产生积极情绪的环境，所以领导者应该致力于促进所有积极情绪，控制消极情绪或将其转化为行动，推动组织产生更好的结果，促进组织内所有个体的成长。领导者必须明白这些积极的心态，及其背后暗藏的情绪，培养一种能够平衡这些激励因素并提高个人和集体表现的文化。

直到几年前，大多数人还会说，他们在职场中真正的情绪问题就是不得不隐藏它或者抛弃它。但今天，我想人们越来越意识到，人们不可能在上班的时候把自己的一部分情绪剥离掉，员工只有在使用情绪的时候才能发挥出最大的潜能。这就是为什么心理学家和作家丹尼尔·戈尔曼坚持"情商是领导力的核心"。

事实上，不管我们讨论的是变得有同理心，对别人的情绪更敏感，还是学会如何倾听并且真正关心他人，我们都在讨论情绪、情绪联系和情绪关系。我坚信，通过使用这个"情绪工具箱"，领导者有非常大的潜力来提高自己的领导技能。事实上，最好的领导者就是那些能够充分利用所有可用的情绪工具的人。毫无疑问，杰克·韦尔奇和赫布·凯莱赫都是通过自己和团队的情绪来管理和创造文化的大师。

戈尔曼在一次主题发言中解释道："明星员工与普通员工的区别更多地在于情商而非认知能力，前者的重要性是后者的两倍。"他在《纽约时报》上针对"如何成为一个情商高的人"的问题列了一份清单，并总结了自己的想法："什么造就了一个伟大的领导者？是知识、智慧和愿景。"除此之外，作为《领导力：情商的力量》一书的作者，丹尼尔·戈尔曼又加上了一条，那就是识别并监督你和他人的情绪以及管理人际关系的能力。据戈尔曼所说，这种与"情绪智力"相关的特质是区别出商界最优秀领导者的重要指标。[6]

情绪管理对文化至关重要。事实上，情绪管理发挥的作用不限于此，它在管理的每个方面都发挥了作用。因此，可以说从"首席情绪官"这个意义上，每个领导者都应该成为这样的领导者。为了领导他的组织发挥最大潜能，首席情绪官应该成为情绪的领导者，就像管理流程和职能一样管理工作环境中的文化和情绪。

在我多年的领导生涯里，我明白一个人想要创造和灌输的基本情绪包括目标感、归属感和感激、忠诚和信任、自尊、自豪感和参与感。如果一个领导者想打造出一个高绩效组织的话，这5种情绪状态就是他必须特别留意的，而且这种状态还与首席情绪官的5种关键角色相对应，我们后面会详细讨论。

为了有效刻画首席情绪官的形象，你需要问自己如下问题，之后你的回答就会勾勒出首席情绪官的大致轮廓。

- 你如何赋予员工目标感？是创造一个梦想，还是一个理由？在组织内给他们指明一条前进道路，这会让他们为自己的使命感到自豪并怀有希望。
- 你如何赋予员工归属感和感激？创造一个具有身份认同和共同价值的社区，关心每一个人的福祉。
- 你如何获得忠诚和信任？不停地与员工沟通我们到底是谁，我们的目标是什么。学会倾听员工的心声并感同身受。要有清晰的价值观，做到言行一致。与你的团队成员实现真正的沟通，并做到坦率诚实、言出必行。
- 你如何提高自尊？建立有利于放权和学习的实践，建立过错补偿机制。对每一个员工做出的贡献予以肯定。
- 你如何培养自豪感和参与感？培养属于组织的独特文化和

自豪感，让团队的每一个成员都拥有忠诚的品质。

换句话说，一个拥有高绩效文化的组织能让成员在工作中找到意义，能信任他们的同伴，享受待在这个组织中的时光，并且因为属于这个组织而感到自豪。

但如何创造这些呢？在多年与世界各行各业领导者打交道的过程中，我发现了一些想法和角色是这些领导者一再提及的。

新型领导力模型的起源

我们已经看到，照常营业模型无法解释人、他们的情绪，或者文化至高无上的重要性。我们还看到，领导者通过创造不同的情绪和精神状态能够对员工产生巨大影响，可以让个人和团队表现得更加优秀。我们还讨论了照常营业模型在以前总是忽略所有与人的本性有关的东西，将其全部纳入"领导力"这个囊括一切的大框架并任其停滞。

现在，我想提出一种新的框架代替那个庞大、模糊的旧框架，新框架有一系列明确定义的角色，能够更有效地帮助首席情绪官管理组织中工作的个人。

我即将提出的这个框架是我历时数千个小时与各行各业的领导者对谈的成果，我有幸与他们结识并合作，此外还有我曾经从一流公司学习到的经验。为了让你能够明白优秀领导者要具备的 5 种关键角色，也就是本书的核心内容，我会精心挑选出我认为最有代表性的 4 段对话作为例子。在这些对话里，你会听到过去 30 多年，世界上最有名望、最有效率的领导者是如何看待对于一名领导者的成功最关键的角色是什么的。

领导者口中的领导力

2008 年，在无线电城音乐厅的一次现场访谈中，英国前首相托尼·布莱尔向我说道：

> 作为领导者，你欠员工的东西是——归根结底你欠他们的——你所看到的事实和你所认为的正确决定。

2010 年的一天晚上，在墨西哥的一家酒店里，美国前国务卿科林·鲍威尔对我说，在他刚上本宁堡军校的前几个月里，他学到的所有关于领导力的要领是：

> 他们告诉我们，领导力是关于追随者的，领导者的主要角色就是为他们服务；追随者完成工作，实现目标，最后就是对组织的成功负责。

他还认为追随者"想要知道任务是什么,你想让他们实现什么,我们行动的目的是什么"。

杰克·韦尔奇提供了关于这些领导力角色的思考。有一次,当他在他俯瞰中央公园的豪宅里接受采访时,他告诉我:

> 你必须知道,当你作为一个领导者时,这不是关于你个人的,这是关于他们的,是关于你的下属的,你要一直关心他们如何发展,如何成长,如何建立自己的职业生涯。你必须鼓励创意的流动,让你的团队都尊崇以下的行事理念:每天都会有更好的方法,我如何才能找到它?我们换个更好的说法。我们可以去外面看看,看看其他公司是怎么做的,然后就用这种方法让人们参与进来。参与至关重要,让他们能从你正在做什么,你为什么这样做,这样做对他们有什么好处中获得一种目标感。他们能获得就业保障吗?还是晋升?还是个人成长?把这些通通告诉他们。

韦尔奇特别强调了定义"我们正在做什么,我们为什么这样做"的重要性。

约翰·钱伯斯作为思科系统公司的总裁兼 CEO 有一份完美的履历,自从他接手思科后,这家跨国网络设备制造商的年营收实现了从 1995 年的 20 亿美元到 2014 年的近 480 亿美元的惊人增长。钱伯斯为人非常谦虚和低调，他将自己的领导力角色简化为 4 项职能：

> 我有 4 件事做得比较好。第一件事是根据客户和我的领导力团队得到的信息，制定公司的愿景和战略。第二件事是培养和雇用领导者去执行这个愿景和差异化的战略。第三件事，作为一名新商业领袖，我有一点还不明白，那就是发展文化，它是你的组织成功与否的关键因素。第四件事是与其他人交流以上信息。就像听起来那么简单，这就是我用来衡量自己表现的记分卡。

最后，我们一起来看看谷歌的氧气计划研究项目，其目的是探究在成功的项目管理中最重要的因素有哪些。

在早期，谷歌的基本信念是，诸如工程师、软件开发师等优秀的专业人员都是好的老板。不出意外地，谷歌的领导者很快就发现事实并非如此。所以问题就出现了：好老板和坏老板的区别是什么？2009 年，这家以数据处理为主要文化的科技巨头对自己的员工开展了一项彻底调查，想要弄清楚这个问题。

从大量的数据中，谷歌提炼出优秀领导者的 8 点要领。

1. 让团队拥有清晰的愿景和战略。

2. 做一个好导师。

3. 关心团队成员的成就和福祉。

4. 帮助员工发展职业生涯。

5. 下放权力给团队，不要事事干涉。

6. 做一个优秀的沟通者，倾听团队的声音。

7. 做出成效，以结果为导向。

8. 拥有核心专业技能，能对团队进行指导。

如果你看完这个列表，再回过头去看之前每个领导者的名言，你就会发现有几个点是相通的。

韦尔奇分析出三个关键的领导力角色：第一，关心和照顾员工；第二，给予员工目标感或者愿景；第三，培养沟通。而且，在这些角色中，他还强调诸如培养参与感和目标感等情绪的重要性。钱伯斯也回应了这三个角色——关注公司愿景、员工以及沟通，但他还加了一条：发展团队文化。在我看来，他对CEO角色的定义中最有意思的地方就是文化和他添加的备注："我作为新商业领袖时还没有意识到这一点。"这句话很关键，这是钱伯斯对更好地理解领导力的伟大贡献。此外，他还强调了文化作为关键变量对组织"成功与否"的影响。

谷歌从数千份调查、访谈、视频、绩效分析中得出的数据证实，之前被大家广泛接受的假设是错误的，最好的领导者并非那些在专业领域有最深厚积淀的人。然而，对管理来说，氧气计划没有揭示出一个革命性的重点，也没有产生任何现代工具来帮助项目经理提升管理水平。相反，谷歌的研究成果确认了领导力的最基本也是最核心的概念：要想有效地运行管理项目，需要一个能够有效与员工互动、倾听他们的顾虑、关心他们、能够根据双方交流的信息做出回应的人。如果分析这个项目的一般结论，我们就会发现领导团队真正需要的不是天赋，而是理解人的才华和能力。

如果我们将从这些例子中得到的信息进行汇总，你就会发现一系列细小的核心要点，其中第一个就是人。所有人都认同员工的重要性，并且关心他们。布莱尔和鲍威尔都强调服务追随者，而韦尔奇、钱伯斯还有谷歌强调关心员工，关注他们的福祉，帮助他们获得提升和发展。韦尔奇对关心和照顾员工非常热情。他在引言的开头就在讨论员工，结束的时候又以员工结尾。第二，以上所有人都同意清晰的愿景、使命和目标的重要性。对布莱尔来说，一个领导者的最终角色就是向员工提供愿景，这一愿景能够反映真实的未来，并且基于此做出他认为能够让员工更接近事实的决定。这种对如何做决定的兴趣还促使谷歌发出向团队放权、不要事事干涉的呼吁。放权让团队成员做决定也是一个关键点。最后，谷歌、韦尔奇和钱伯斯都坚持沟通的重要性。以上说的所有东西最后都落到领导者身上，即需要创造出一种文化来促进各个方面的落实。

在刻画首席情绪官的轮廓以及它扮演的主要角色时，我提取了这些观点，对它们进行加工，同时加入了我自己的想法以及通过与其他人对话和向其他人学习得到的新观点，最后将它们整合成我自己独特的思想，这就是我对21世纪有效领导者的观点：首席情绪官以及领导者的5个关键角色。

▶ 新型领导力模型：5个关键角色 ◀

构成首席情绪官工作核心的5个关键角色如下：

1. 定义并点燃组织中员工的愿景。
2. 招募并照顾员工，尽可能地发展他们的才能，关心他们的福祉。
3. 建立正式和非正式的体系，让员工能够彼此联系和交流。
4. 设计能对员工授权的决策体系。
5. 发展和平衡具体的文化，促进组织成功。

如果我们将这个新的具体框架与之前的框架相结合，我们得到的就不再是一个通用、模糊的领导力整体框架，勉强平衡照常营业模型中的特定元素，而是一个如图2-1所示的完整模型。

在确认这5个关键的领导力角色时，我的本意不是将它们主观划分为孤立、相互排斥的任务，而是将这些功能看作一种简化

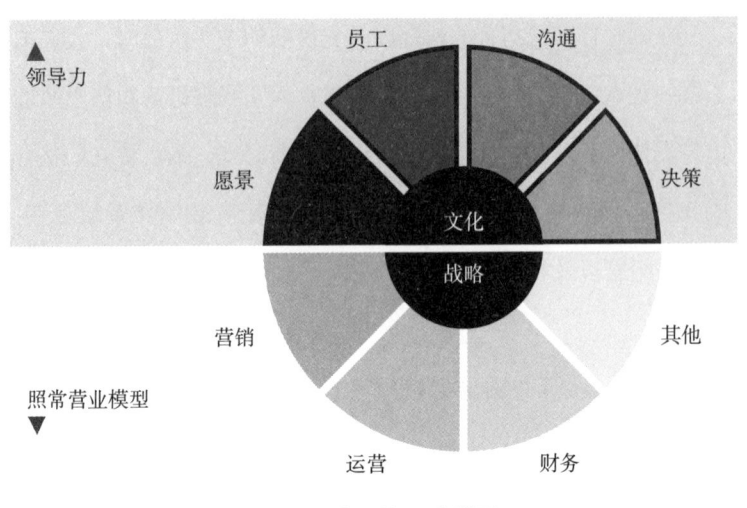

图 2-1　新型领导力模型

现实的方法，这样我们就能更好地理解和分析这些角色。领导力是一个非常复杂和多维度的现象，我们需要对此有一个全面、综合的展望。

你不仅要牢记这 5 个关键角色是相互联系的，还要知道通过这些角色，一个领导者能够唤醒团队成员渴望成功的情绪和心态。比如，当一个领导者建立愿景（第一个领导力角色）时，他首先给予团队的是目标感，其次是归属感，以及让他们感觉到自豪。当领导者关心并照顾他的员工时，他就为建立员工的归属感和忠诚打下了根基。其他的领导力角色同样如此，都会唤醒不同的情绪和心态。

在我们开始研究领导者更好地扮演自身角色所需要的技能和

特点之前,我觉得理解这些角色本身也非常重要。在接下来的五章里,我将详细分析每一个领导力角色,并且阐述它们如何使员工产生不同的积极情绪。我相信,这对世界各地的领导者提高自己和员工的绩效都会非常有帮助。

第三章

第一个角色：激发愿景

你手下的员工想要知道他们的任务是什么，你想要他们实现什么以及你的行动目的是什么。而你作为领导者，有责任给予你的追随者目标感、激情和强烈的情绪。那些没有强烈信念的领导者，也无法让他的追随者怀有激情，所以领导者必须有激情，他们必须有强烈的情绪。

——科林·鲍威尔

领导力 ▲

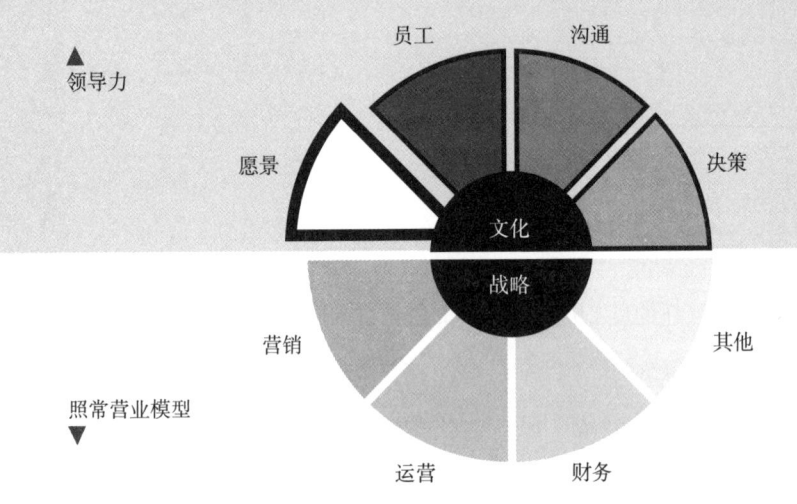

员工　沟通

愿景　　　决策

文化
战略

营销　　其他

照常营业模型
▼

运营　财务

愿景是什么

在中世纪，有一个旅行者经过一个村子，看到一个男人正在雕刻石头。这让旅行者很感兴趣，他问："你在干什么？"这个男人回答道："我通过雕刻石头养家糊口，这样才能让我家的餐桌上有食物。"旅行者继续赶路，当他遇到另一个石匠在做同样的工作时，他又问了同样的问题："你在干什么？"第二个石匠回答道："我正在雕刻一个挂在房檐的滴水兽，这是一种美丽的神话动物，非常具有视觉冲击力。"第二个人的回答让旅行者感到稍微满意一些，然后他继续赶路，碰到了第三个在做同样事情的石匠，旅行者又问："你在干什么？"第三个人专心致志地工作，回答道："我正在建造一座大教堂。"

在这个故事里，第一个人关注的是工作的实际价值——工作能为他和他的家人提供食物保障和遮风挡雨的地方，第二个人关注的是自己工作的专业价值和艺术价值。然而，只有第三个人意识到并坚信他的日常工作是建造一种更为庞大和重要的东西：一座大教堂，一个他那个时代的建筑奇迹，一座寻求将人与上帝完美结合的建筑。

我第一次听到这个故事是在巴黎工作的时候，那时候我已经在巴黎工作了将近5年，然后我接到了胡安·卡洛斯·维拉·拉鲁德的电话，他是一名阿根廷商人，我们一个星期前在一次晚宴上相识。他说他在建造一座"大教堂"。

他跟我一样曾经是一名工程师，20多年前在美国读完了MBA学位，随后他返回阿根廷建立了健康维护组织奥明特集团。这家公司已经变成了阿根廷医疗保健行业最大的公司之一，最近开始将业务扩展到巴西。他希望在医疗保健领域建立一家世界级标准的创新公司，能够提供拉丁美洲最优质的服务。他想要做一些伟大的事情，他想要创造未来，他想要建造一座"大教堂"。

我思考着寓言故事中的人物，不知不觉中自己也完全被调动起来。谁不想建造一座"大教堂"呢？教堂彻底改变了整个世界，从风土人情、自然环境，一直到人们如何联系和行动，每天如何生活。如果一个人能够成为改变现实的一部分，谁又愿意将自己的生命完全耗费在雕刻石头上？

在那次晚饭后，我们都对未来的愿景和巨大的增长机遇十分憧憬，所以拉鲁德邀请我回阿根廷跟他一起干，帮助他建造那座"大教堂"。他的这个故事说服我加入他的团队。我接受了他的邀请，来到了阿根廷。不难看出，一个满怀激情的愿景十分具有感染力。

建立愿景是首席情绪官要扮演的第一个重要角色，因为愿景会告诉所有人他们的方向在哪里，工作的目的是什么，我们想要实现什么，以及最终我们想要改变什么。愿景提供了想法和情绪的指南，作为一个共同努力想要改变现实的团队，我们必须产生并利用这些想法和情绪来实现这个目标，去实现这种新的现实。正如施乐公司前 CEO 安妮·马尔卡希所说："一个领导者必须具有清晰的愿景，知道公司要朝什么方向发展。"著名的美国外交家亨利·基辛格则说："一个领导者的任务就是，把员工从他们现在所处的位置带到未知的新领域。"

除了提供目标或最终目标，通过与员工分享和交流这种愿景，培养其对这种愿景的渴望，领导者能够产生多种重要的情绪和心态：目标感、自豪感、忠诚、激情，甚至是希望和快乐。正是这些情绪，最终驱使人们朝着梦想或者愿景前进。

▶ 愿景不是战略，愿景是梦想 ◀

在许多人的观念里，愿景的概念和战略有些类似，因此让我们先来讨论愿景和战略之间的关系。

我们都知道，战略是所有商业变量的指导原则，比如营销、工程、制造、财务等，这都只从属于组织的业务目标。虽然战略、商业计划、目标以及具体的目标确实是一种非常高效的手段，能帮助我们实现一直渴望的增长和利润，但这些工具都是建立在战略愿景之上的。这跟领导者的愿景不一样，领导者的愿景远远超出了市场的范畴。虽然战略回答了诸如"与我们的竞争者相比，我们在哪些方面具有独特性和差异性？"，"我们想要如何竞争？"以及"我们的竞争优势是什么？"等问题，但领导者的愿景与员工有关。这种愿景必须能够处理团队和组织中个体的目标和梦想，赋予一个组织意义和身份，并激励其采取行动来实现这一目标。我把这种领导力愿景称为鼓舞人心的愿景，很明显，它与具体的战略愿景蓝图大相径庭。

我们可以联想到著名的民权领袖马丁·路德·金。在他1963年发表的有关种族平等的传奇演讲中，他没有说"我有一个计划"，而是说"我有一个梦想"，这使他的战斗和对生命的愿景生生不息。换句话说，我们可以把领导者的愿景当成一个"天堂"，他想带领自己的员工到达那里。团队要做的就是实现这个梦想和结果，这是领导者想要的东西，也是团队所做一切的最终目的。

事实上，愿景最能激发人心的部分就是它激发出来的梦想——一个我们所有人都想获得的东西。从领导力的角度来看，愿景可以定义为一个目的，所有的期望和需求都在这里汇集。一个组织的愿景或者梦想，加上能够促进持续追求的所有情绪和心态，就是组织文化的基础。并且，我们都知道文化在企业成功中所扮演的关键性角色。

比如，苹果公司的联合创始人、董事长兼CEO史蒂夫·乔布斯就明白，苹果公司之所以能够俘获世人，根源并不在于苹果的产品或者其营销战略。乔布斯认为，苹果公司之所以能在全球获得成功，主要是由于公司的愿景和目的，并且苹果的公司文化已经反映并且融合了这种愿景和宗旨。1997年，当乔布斯在离开12年后重新回到苹果公司时，他重新将公司愿景和文化设定成他一开始的目标。这随后产生了经典的"非同凡想"营销活动，重燃了公司的灵魂，重塑了公司的品牌。他当时说过："我们的客户想知道，苹果是什么，它代表了什么，我们在这个世界上的定位是什么。我们存在的目的不是为了建造让人们工作的机器盒子，当然这是我们非常擅长的。苹果的核心和深层的价值观与我们的信念联系在一起，那就是拥有激情的人能够永远地改变这个世界，我们已经拥有与这种人共同努力的机会……只有那些疯狂到认为自己能改变世界的人，最后才能真正改变世界。"[1]

▶ 愿景和战略的关系 ◀

如果愿景和战略是如此不同，那么公司的战略及其领导者提出的愿景之间是什么关系呢？

一般来说，我认为作为领导者，你需要建立一个清晰而简洁的战略，使用这种战略培养出一种能够让所有员工变得有激情并忠诚于工作的愿景。我们可以把这种领导者想象成"大教堂"的建造者，他能够向员工提供帮助，让他们为自己能够参与"大教堂"的建造工作感到自豪和荣幸。为了建造出"大教堂"，要由谁完成什么任务，做出什么行动，什么时候建完，这些都与战略、计划和时间表有关。这个愿景也与想要建造或使用这座大教堂的个人愿望有关，它可能是完成不可思议的梦想。人们的梦想就是完成这个愿景，而领导者在这其中扮演的角色就是沟通、激励和管理这种愿景，通常这也就意味着让每个员工明白，他正在雕刻的石头不仅仅是谋生的手段，或者是自娱自乐的工具，而是一项更宏大、意义超凡的事业中的关键一环。正如杰克·韦尔奇所说："给他们一种目标感，让他们明白你在做什么，你为什么这样做，这样做对他们有什么好处。"

事实上，所有伟大的领导者都是从微小的动作做起，然后从这个起点一步步成长，记住这一点很重要。他们明白自己参与的每一个行动都属于一个更大的梦想，这个梦想超越他们个人的愿望，他们能够向所有人表达出这种愿景。

现在，让我们从更具体的角度来看战略和愿景之间三种具体的关系：第一种关系，战略和愿景是相互联系的，但本质有所不同；第二种关系，战略总是因业务部门不同而变化，而共同的愿景总是保持一致并推动公司发展；第三种关系，战略和愿景相互滋养，基本是一致的。通过探究以上内容，我会详细解释战略和愿景之间的密切关系。

西南航空公司是一个非常有意思的例子，这家公司的战略和愿景都非常远大，这两者虽然是相互联系的，但又非常不一样。一方面，西南航空公司的战略是提供"低价、高频、短途、点对点服务"；另一方面，它的愿景或者说最终目的是不一样的：通过友好、可靠和低成本的空中旅行，将人们与他们生活中非常重要的事物联系起来。它的战略是基于如何在航空领域中竞争建立的，而其愿景好比让每个人每天早晨从床上蹦起来，然后赶去上班。他们是相互联系且始终如一的，但其本质明显不一样。

理查德·布兰森的维珍集团的运行机制完全不一样。有一次布兰森告诉我，集团的愿景是"建立一个受全世界追崇的伟大品牌，在我们开展的所有新业务中发挥真正的作用"。他接着具体解释道："我希望人们会说，'是的，这个行业再也不会一成不变了,因为维珍进入了这个行业'。我们的目标就是创新并做出改变。"

从本质上来说,针对每一个不同的商业市场,维珍的战略都要做出相应调整,但其愿景始终如一。维珍针对不同商业领域有不同的战略,但共同的愿景能建立一个共同的文化。集团的愿景作为一个品牌,让维珍从其他竞争者中脱颖而出,构成了公司文化的基础。

跟维珍一样,通用电气也有一个总体的、集团层面的愿景,但在具体的业务领域,它会根据不同的需求对战略做出调整。我曾问过韦尔奇,1980年在他就任通用电气CEO的前100天里,他最初的目标是什么,他说:

> 我希望给人们一个愿景,让他们知道我们要朝何处发展。我对此有好几个设想。我希望通用电气在每个行业领域都位于前列,比如第一名或第二名,我想从50家企业的广泛组合中整顿、出售或者关闭那些落后的子公司。我们必须成为一家成功的公司,我告诉所有人,我们接下来要做的是:如果你做这份工作,你就会获得人生中最伟大的旅程。你会挣许多钱,因为我想让你变得富有,我会让你获得成功,过上更好的生活。这就是我们的愿景。我们拼命努力,确保我们永远是胜利的一方。

就杰克·韦尔奇的例子而言，推动员工团结起来的驱动因素不是什么商业战略，而是一种愿景。这一愿景是，韦尔奇和他的员工将会一起经历一场伟大的旅途，建立一家伟大的公司，以此丰富所有人的生活，也提高所有人的收入。这是对胜利最终极的定义。获胜的愿景是驱动通用电气员工的主要力量，战略在其中只是次要角色。事实上，通用电气集团根本没有一个具体的商业战略，其所谓的战略只是分散在每一个具体的业务领域，获胜的愿景才是推动其文化和商业成功的关键。

还有很多公司的战略和愿景几乎完全一样。自然是一家巴西化妆品公司，其目标是制造环保化妆品。这家公司就是一个突出战略是如何培育和塑造愿景的案例。其目标有多重作用：它代表了公司提供给客户的战略和价值定位，也代表了公司向其员工提出的愿景。在这种情况下，公司的战略——公司如何与其他公司竞争使自己与众不同——与驱动公司员工的愿景和终极目的相似。

许多非政府组织也面临类似的处境，它们的身份认同深深植根于其愿景，以至于最后它们的战略和愿景变得极其相似。比如，多发性硬化症国际联合会是一家致力于帮助身患多发性硬化症患者及其家人提高生活质量的非政府组织，这个非营利组织的战略和愿景极其相似，因为它的战略目标就是激发其员工每天工作。

愿景激发情绪

当领导者建立愿景时，他会激励他的员工做什么？最理想的状态是，愿景能够激发情绪。正如密歇根大学罗斯商学院商业教授、作家戴夫·乌尔里希所说："我们创造的不仅仅是动作，还有我们创造的情绪。"我要强调的是，首席情绪官应该专注于激发情绪，从最关键的目标感、归属感、身份认同感，到自豪、忠诚、挑战感、尊重、自信、希望、快乐以及最重要的激情。建立这种愿景，能够在很大程度上激发情绪，所以我觉得花些时间讨论这一点很有必要。

虽然一些高管觉得他们的愿景只不过是一系列必须被理解和被交流的想法，但是愿景不应该仅仅是想法。一个真正的愿景不仅包括定义目标的想法，也与这些想法在每个员工身上唤醒的情绪和激情有直接关系。除了被构思、讨论、综合、交流、激起兴趣或者分歧，想法还可以唤起激情、愤怒、快乐、悲伤、希望、忠诚，还有其他无数种情绪和心态。这些情绪总是处于互动状态，不断产生新的组合和认知，并且区分不同层次的动机或者行动。所以，理解以下这一点很重要：愿景产生的情绪和心态反过来又会对特定的行为造成很大影响，这种行为最后也会对结果产生重要影响。

▶ 愿景激发目标感 ◀

领导力要求具备某些特质。首先是产生愿景和想法的能力,而这些想法能够反映出在某个特定时间点的社会需求。

——米哈伊尔·戈尔巴乔夫
苏联最后一位国家元首

通过对历史上的一些伟大领导人进行分析,我们会发现,这些人非常擅长通过想法唤起情绪。传奇领导人既会提出暗含巨大变革的愿景,也会在情感上激励人们去实现这个愿景。从圣雄甘地希望印度摆脱英国的殖民统治获得独立,到米哈伊尔·戈尔巴乔夫眼看着苏联解体,再到马丁·路德·金追逐种族平等的梦想,他们不仅提出了政治社会层面的倡议或目的,也打动了人们的内心,点燃了人们心中实现这些梦想的熊熊火焰。

能够激发情绪的想法是鼓舞人们执行和实现项目目标的重要组成部分。每天早上让你起床去上班的动力是什么?让你的团队成员想尽一切办法努力工作的动力是什么?这不只是给他们一个目标的问题,而是给他们一个鼓舞人心的目标,一个激励你的团队去追逐梦想的目标。事实上,许多关于领导力的图书都谈到过动力的重要性,但没有阐明动力取决于愿景的塑造。在制定愿景时,你应该调动那些能够真正激发员工跟随你到达终点的因素,以实现更伟大的目标。

回想一下前面故事里的第三个平凡的石匠。他没有把自己的工作当作谋生的手段，甚至将其视为一项艺术事业，与之相反，他相信自己在建造更重要的东西，那就是大教堂。是谁让他如此深信不疑？可能是建筑师，可能是当地贵族，也可能是牧师。只有架构师能给出战略和计划的蓝图，但任何人都能提供愿景。领导者的愿景旨在产生能量和目标感，团队需要借此去克服一切困难，最终实现更崇高的目标。成为一个高效的领导者，在很大程度上取决于他是否有帮助员工理解当他们实现愿景时每个成员都将赢得什么的能力，这样会激励他们在旅途中充满激情地贡献自己的力量。

▶ 愿景给予团队成员身份认同感 ◀

阐明不仅能激励人们实现目标，还能提供给他们一种更大的意义感、自豪感、忠诚感和身份认同感，我们可以在商业世界之外寻找例子对此进行解读。不久前，我在做演讲时有幸见过马里奥·内格里，他是阿根廷著名的橄榄球运动员，他也提到了身份认同的重要性，这种认同感能够成为一种强烈归属感的基础。

1982 年，两支南美洲球队到南非参加橄榄球巡回赛。阿根廷队与来自乌拉圭、智利、巴拉圭和巴西的球员组成南美 15 号 A、B 两支队伍。当时，马里奥状态不佳，所以教练决定把他从主队替换下来，放到 B 队跟其他替补队员待在一起。马里奥对此感到很沮丧，因为这让他的自尊受到严重打击，但他仍然是 B 队的队长。不幸的是，这支队伍缺少身份认同感，或者说他们唯一的身份就是让人沮丧的"替补"。当唯一能够团结队员的身份就是"替补"时，你根本无法唤起一种共同的目标。作为替补队员获得动力有多难？毕竟，谁想待在 B 队里踢球呢？当人们总是被暗示自己处在次等队伍时，你又怎么能激发出他们的最佳状态，让他们像真正的团体一样踢球呢？

在跟着 A 队一起训练了一个星期后，马里奥和他的队员被塞进三辆大巴车，去往南非的阿平顿镇，在那里他们将对阵澳大利亚西北角队。在漫长的旅途中，有一次大巴停在一家商店门前。队长马里奥走进去，看到一顶战士戴的卡其色的帆布军帽，他买了 26 顶帽子，分给了团队里的每个人。

比赛如期而至，B 队经历了一场身体、精神和情感上都非常煎熬的比赛。然而，他们赢下了第一局比赛。第二天早上，当地媒体报道了他们的胜利，文章标题是："军团士兵"战胜了西北角。就这样，一支队伍和一场传奇诞生了。

多亏了媒体报道的创意，"B 队成员"的头衔消失了，取而代之的是"军团士兵"，这支球队一路连爆冷门，最终以不败战绩结束了巡回赛。而主力 A 队在第一场比赛中就输给了南非队。

当复赛 A 队对阵南非队时，教练决定把马里奥和其他 4 名球员放到A队以加强实力。马里奥带着"军团士兵"的骄傲承担起这个新角色，最后他以惊人的战绩远远超出了教练的期望，这对阿根廷历史性地战胜南非国家队这支强大的跳羚队起到了重要作用。

马里奥和"军团士兵"的故事是一个绝佳的例子，它展示出一个团队可以靠外部和特定的里程碑事件或象征来获得身份认同。军帽代表了追求极致的勇气，这种价值观给予了球员一种共同的身份，更重要的是，激起了他们的求胜心。共同价值观和目的，或者说意义，能够帮助确定团队成员的身份。你不必拯救或征服世界，只需要一个能够团结和激励你的团队获得胜利的目标，这就够了。

还有一点很重要，那就是明白一个团队的目标和身份认同是互补的。通常，目标会给予你一个身份，但身份也可以给你一个目标。比如，绿色和平组织的目标是保护环境，这个目标给予其所有成员身份认同和归属感。

▶ 愿景通过产生情绪来获得成功 ◀

愿景能够创造情绪上的反应。到目前为止，在本章中我们已经看到了愿景的作用，它能够激发一种目标感、归属感、身份认同感，以此刺激人们朝着共同的目标前进。但正如我们之前所提到的，愿景能产生大量情绪，比如自豪、忠诚、自信、尊重、挑战感、希望、快乐和激情。要想建立一个清晰且让人信服的愿景来调动整个公司员工，你就必须理解这些情绪，这是至关重要的。所以，接下来我们一起来探讨一下这一话题。

我相信，自豪是领导者在团队中能激发的最强烈的情感之一。这是一种社会情感，自豪会点燃你与周围人的激情。自豪会让你思考"我的父亲、母亲和祖母会怎么看待我？"自豪会让你觉得，你所做的事情是重要的，它不仅对你非常宝贵，而且在别人眼里也很有意义。因此，培养自豪的目的并不是为了数字，比如销售业绩增长20%，而是为了一个能够激发情绪的梦想。如果提出的愿景有意义，而且能够激发有意义的改变，那么我们都会非常自豪地为这样的事业奋斗。

这就是自豪与目标产生紧密联系的方式。目标增加了新意义，将人们联系起来，并将他们整合在一个共同的目标之下。这就是为什么说目标的意图是创造一种共同的自豪感。如果你的目标是正确的，那么它就会在你的团队中产生一种强烈的自豪感，加强这种感觉，激发奉献精神和努力，从而提高个人和组织的绩效。这也就是目标总是与奉献紧密相连的原因。

奉献与责任有关。它能创造一种专注的努力，坚持不懈地实现那个目标。奉献象征着纪律和韧性，意味着即使你累了，或者暂时不想工作了，也会选择继续完成任务。其根源在于个人的决定或者立场，但它唤醒的是一种永不放弃的心态。

我曾问过克林顿总统谁是他的人生导师，他脱口而出："我的母亲。"当我问他从他的母亲那里学到什么时，他解释道：

> 我的母亲曾三次成为寡妇。我的父亲在我出生前就去世了。她一辈子遭受过太多不幸和苦难，但她生性乐观，每天晚上都睡得很好，每天早早起床，脸上总是挂着微笑去干活。她教会了我生活是一种特权和一份礼物，你必须充分享受它的所有滋味，只要你不放弃，失败就不会永远跟着你。悲痛是一种愚蠢的感觉，没有人会一辈子都幸福，所以你要永远保持前进，永远不要放弃……她的人生态度对我有很大影响，当人们问我"你在1992年遭受袭击后为什么不辞职"时，我说"逃避这种事永远不会发生在我身上，因为在我家里永远不会有人退缩"。

这是一种非常强大的奉献精神。

克林顿在1992年的遭遇还能引申出另一个话题，就是奉献和挑战之间的关系。虽然他遭遇的挑战非常特殊，但我认为，总体而言，挑战是渴望提高和竞争的产物。我们在前一章中提到过，在会议室或体育场上，竞争和胜利的渴望会刺激释放内啡肽，进而促进更好的表现和自我提升。挑战对于我们是一次机会，让我们证明自己可以做到，我们是有价值的，我们能够达成更好的结果。当人们面临挑战的时候，他们能感觉到自己体内的能量正在激励自己努力实现那个愿景。领导者可以针对不同的团队成员设置不同的挑战，以此帮助他收获那份能量，实现共同的目标。

挑战让你的团队团结起来，一起朝那个共同的目标努力，然而这不仅仅是一个意愿的问题，这也与尊重有关。如果一个领导者在经过多年历练后，有资格并且知道他在说什么，那么他会赢得自己追随者的尊重，他们都会公开追随他提出的愿景。对此，科林·鲍威尔说：

> 你不会想让他们恐惧你，而是想让他们尊重你。他们之所以尊重你，是因为你拥有最高标准的准则，知道对方在干什么，并且你自己已经做好了准备，知道整个团队的任务是什么。

尊重在领导者和追随者之间建立起一道看不见的桥梁，形成一种互惠的关系，而信任能够巩固这种关系。所以领导者可以说，"这是可能的，我知道怎样去做"。因为，他对自己的员工信任自己很有信心，员工也相信他有着必要的训练和判断力，能够带领他们实现设定的目标。

从这个意义上讲，尊重与自信有关。一个领导者会给团队带来自信，这种自信不仅是对愿景本身的信心，也是对他们正在靠近那个梦想，并且最终一定会实现梦想的信心；此外，还有对追随这个愿景能够为他们的任务赋予目标的信心；最后，是对一旦我们实现了这个愿景，组织里每个成员都会因此而获得回报的信心。

是的，一个组织的愿景或者目标必须能够给组织里的每个成员带来好处。每个成员必须相信他们能从中受益，而不仅仅是高级管理人员。因此，如果一个组织想要培养一种关键的心态，即目标感，它应该确保实现这个目标会给团队中的每个成员带来好处，比如成为比自身更伟大的事物的一部分，拥有名望、更高的薪酬，或者对自身满意度的提升。

当然，以上列举出的积极情绪并不全面。根据目标的不同，领导者可能会激发希望，希望现实会改变，希望团队会实现渴望已久的目标，甚至希望团队成员成为这项伟大事业的一部分而感受到快乐。

一个伟大的愿景还可以激发你的团队成员的激情。但首先，领导者自身要有激情。高效的领导者不仅要给出梦想、目标，让这个目标对成员有意义，他还要有激情地去做，也就是说要充满能量、充满渴望，同时要非常热爱自己所做的事情。当他真正享受自己的工作时，一个清晰的目标就会从这种激情中产生。事实上，激情是一个内部过程的结果，这个过程能激励领导者将他与自己的梦想或目标联系起来。正如我们所见，鲍威尔将军强调了激情的重要性："领导者必须有激情，他们必须有强烈的情绪。"如果领导者对自己的信念没有激情，他们就无法激励他们的追随者拥有激情。领导者会将个人的激情与组织的愿景凝聚到一起。你招聘和雇用的人要真心热爱你努力实现的目标。

当你设定一个愿景或梦想时，你最终需要实现的就是产生各种积极情绪。这会让员工更快乐、更有满足感，从而提高个人和团体的绩效，最终产生更加成功的组织。

如何通过愿景让情绪最大化

领导者该如何利用愿景才能够最大限度地产生积极情绪？这个问题看起来很容易回答，但你要意识到设定愿景和目标不仅仅是一种智力活动，或者设定一个目标然后告诉人们这个目标是什么。

正如美体小铺的创始人安妮塔·罗迪克所说："与我一起共事的人都很熟悉拥有愿景的领导者，但这种愿景必须清晰且有说服力地传达出去，而且领导者要一直满怀激情。"

阿尔瓦罗·乌里韦·贝莱斯就是一个非常好的例子，他展示了一个清晰、有凝聚力且一致的愿景，以及管理良好的沟通如何强大到足以实施变革，因为领导力就是用来改变现实的。在2002年当选哥伦比亚总统前，乌里韦是安蒂奥基亚省的省长，该省是哥伦比亚32个省中的一个，也是该国第二大城市麦德林市的所在地。在一开始担任省长的时候，他提出了一个简洁的倡议，总结如下：

> 我知道要想提供稳定的社会福利，我们就需要投资。为了得到投资，我们需要法律层面和实质层面的保障。所以，作为愿景我提出的三条原则是保障、增加投资和社会福利。随着时间的推移，我意识到"保障"这个词有负面的含义，所以我在前面加了"民主"，变成了"民主保障"。

在媒体上、采访中以及大型群众集会上，乌里韦和他的同事不断重复这个概念，直到他最后当选国家总统。2009年，在布宜诺斯艾利斯他告诉我：

> 在竞选继我之后的下一任总统期间，我从会议中心出来，走到一辆出租车旁边，里面的司机正在睡觉。我轻轻把他摇醒，当他看到我的时候，他一下子从座位上蹦起来，

> 然后开始和我讨论"社会福利、投资和民主保障"。人们一直记着我的口号,这种感觉太美妙了。而且来自不同阵营的总统候选人都接受了这个概念,并把它视为国家政策。

将上面的观点进行总结,我可以说,对自己的目标进行想象就会得到一个愿景,然后将其总结成一个句子,使团队更容易明白并且满怀激情地去执行。

从乌里韦的例子中可以看到,领导者不仅需要一个简洁、易懂的愿景,还需要拥有一个清晰且一致的愿景,以便将其表达出来。另外,同样重要的是这个愿景要与整体战略相匹配。盖伊·川崎是一名企业家、作家,曾担任苹果公司的首席布道官一职,他强调了他所谓的"口号"的重要性。在他看来,如果一家公司想要让它的使命和战略愿景在组织中真正得到执行,领导层必须采用一种让员工容易明白的方式,也就是口号,以此来清晰且简洁地传达这种连贯的指导原则。

比如,川崎曾参与苹果公司的复兴,他批评过温迪快餐连锁集团的口号。川崎认为,温迪集团使用了背离商业本质的语言来定义自己的目的:我们的主要使命就是通过领导力、创新和合伙人来为客户和社区提供高质量的产品和服务。2013年,我曾跟川崎在台上对话，他说温迪集团的这个口号是失败的，它无法向别人传递其战略目标。一方面，它没有具体说明自己的主业是什么，无法把自己跟其他竞争者区分开来；另一方面，这句话太长了，而且充满专业术语，既不容易被组织员工和客户理解，也无法激发他们的认同。最后，他提出了另一句口号：更健康的快餐。他总结道："公司可以用简单的词汇更清晰、更强烈地向员工和每天光顾温迪餐厅的数百万消费者传递自己的愿景。"

毫无疑问，愿景的清晰性和一致性很重要，但正如我们之前讨论的，你的愿景要有情感影响力，能够激发和激励人们，这一点非常重要。只让员工在智力层面上理解目标是不够的，他们还必须在情感层面上理解这一点，只有这样才能赢得他们的奉献和决心。在员工身上唤醒的情绪至关重要。

如何创造并实现愿景

为了在他人身上产生必要的情绪，你自己首先需要感觉到它。也就是说，为了感受这些情绪，首先你必须对自己的梦想和价值观有个人意识；其次，你所在组织的愿景要与他人的梦想和价值观相匹配。所以，一方面，你要对此有彻底的个人意识，只有这样你才能明白自己的梦想和价值观，进而将其推荐给别人；另一方面，你需要找到属于自己的组织，该组织的愿景要与你个人的梦想和价值观相匹配，只有这样你才能加入其中并满怀激情地奉献自己的力量，以实现这一愿景。

▶ 认识你自己，相信愿景 ◀

在"9·11"事件中，纽约市市长鲁迪·朱利安尼曾说过：

> 领导力的第一条原则也是最重要的一条原则是，要想成为一个领导者，你必须具有坚定的信念，你必须知道自己相信什么，你必须知道你代表着什么。

在我能够领导一大群人之前，我必须确认自己的才华、激情、渴望和兴趣。我必须给出最私人问题的答案：我是谁？我想对整个世界产生什么影响？我的核心价值观（那些能真正决定我的选择的价值观）是什么？我的梦想是什么？作为领导者，驱动我们的是信念、价值观和思想，所有人都必须反思这些元素，并且问问自己，我最深层次的信念是什么？我最满怀激情追求的愿景是什么？追寻这些问题的答案是一场漫长的旅途，我们必须慢慢来，一步一个脚印。

我会在第八章详细讨论这一点，目前的重点是强调这种自我认识如何提升内部动力，它对于创造和追求愿景与梦想至关重要。

比如，在2014年《哈佛商业评论》的一篇文章里，汤姆·科尔迪茨分享了一项研究的结果，该研究证明一个具有内部动力的领导者比具有外部动力（比如薪酬、晋升等）的领导者拥有更加优秀的领导力。然而，让人惊讶的地方在于，"那些同时拥有内部和外部动力的领导者比内部动力较少但内部动力占主要部分的领导者表现得更差。增加外部动力并不能使领导者表现得更好，拥有外部动力的人晋升高层的比例减少了20%以上。因此，即使拥有强大的内部动力，外部动力也是领导力的毒药"。[2]这里的重点在于，内部动力能够点燃最优秀的领导者的激情，所以一个强大的领导者必须毫无例外地既要拥有内部动力，又要了解自己的内部动力。如果我了解自己，我就能明白我想做什么——我真正热爱和梦想什么——以及我为什么想要追求这些事情。我能够衡量自己的才华和弱点，知道怎样面对这些问题，并进行学习和快速成长。这促使我前进的同时，让我能够应对外部变化。

在这里，我想提供自己的故事作为例子，让你明白认识自己和自己热爱的东西能够激发多大的内部动力，帮助你规划并实现个人愿景。

我的家庭非常重视梦想、奉献、自豪和激情等能够实现愿景的品质，所以这种家庭氛围深刻地影响和塑造了我。

我的曾祖父名叫毛利西奥·布劳恩，他在1874年到达麦哲伦海峡的蓬塔阿雷纳斯海滩时只有8岁。在他22岁的时候，他开始为一名成功的移民商人何塞·梅嫩德斯工作，很快他就因为自己的聪明能干受到认可。他跟老板一起合伙做一些小生意，很快就扩展到其他领域，并且不断积累自己的财富。等到他29岁的时候，他娶了老板兼合伙人的女儿约瑟芬娜·梅嫩德斯，随后创立了当时巴塔哥尼亚最大的企业之一，在数百万英亩[①]的土地上养羊，然后他又成立了一家贸易公司将羊毛出口到英国。此外，他还有一家连锁超市、一家船运公司，还创立了阿根廷第一家航空公司。在巴拿马运河开通后，地处大西洋和太平洋之间的麦哲伦海峡的航运量大减。最终在1916年，50岁的他决定举家搬迁到布宜诺斯艾利斯。他有11个儿子和女儿，其中一个儿子生了我爸爸，也就是毛利西奥·布劳恩65个孙辈里的长孙。

我出生后一直以父亲为榜样，他为家族企业工作了40年，我以为自己以后的人生也会像他一样。为了这个目标，我在布宜诺斯艾利斯大学花了6年时间学习工业工程学。然后，为应对管理大型企业的挑战，我又决定去美国沃顿商学院攻读MBA学位。

然而，在美国顶尖学府留学需要非常多的钱。当时我已经结婚了，经济也独立了，但我作为全职工程师的薪水每年只有3 600美元。所以，可以说靠攒钱去沃顿商学院的机会非常渺茫。

我开始寻找自己能找到的一切方法。当时，我正在准备一个

---

① 1英亩＝0.004 047平方千米。——编者注

大型的艺术展览。是的，我从13岁开始就跟随阿根廷最好的画家之一学习水彩画。经过在巴黎近十年的学徒生涯来不断锤炼自己的技巧，我获得了几个国家奖项，还有两个国际奖项，并且能够组织一次大型展览出售自己的作品。再加上我获得了三份奖学金，这差不多能够确保自己第一年的学费。所以我去父亲那里寻求帮助，在听说我对自己的目标如此执着后，他感到很满意，并且欣然同意资助我完成学业。

经过在沃顿商学院一年的学习，我到位于巴西和阿根廷的博思艾伦汉密尔顿公司找了一份暑期工作。在1989年的6月和7月，阿根廷的月通货膨胀率高达200%。用美元来计算，当地物价非常低，所以我三个月的工资几乎没怎么花。最后博思艾伦公司提出，如果我从沃顿商学院毕业后愿意继续为他们工作，他们愿意支付我第二年的学费，我立马答应了。

我对毕业后为博思艾伦工作的前景十分期待，但我当时把目光投向了阿根廷或者巴西以外的地方。我询问公司自己能否申请调到巴黎，因为我之前作为学徒在那里有过美好的回忆，而且我的法语也没有问题。1989年11月9日，博思艾伦公司决定给我这个机会，安排我与公司当地的合伙人进行面谈。那一天也是柏林墙倒塌的日子，整个世界发生了巨大改变，一个新的时代开始了，对我来说也是如此。

经过在巴黎办公室一整天的面试，我最后收到了入职通知。

我第一年的总工资是 105 000 美元。我在晚上 7 点左右离开办公室，走在巴黎的大街上，我当时的感觉就像亚里士多德·奥纳西斯赚钱购买第一艘船时的心情。我现在比我从沃顿商学院毕业前多赚 30 倍。

1990 年 5 月，我顺利从沃顿商学院毕业，启程前往巴黎，并在博思艾伦非常努力地工作，学到了很多知识。1992 年 12 月，欧盟要建立统一大市场，整个欧洲都喜气洋洋，期待着携手共建美好未来。事实上，这对我来说也非常激动人心，因为我面临一个新的选择：实现小时候的梦想，回家管理家族业务，还是像当时的欧洲一样，开始新的事业，追求新的梦想，而这需要探寻未知的其他领域。我意识到自己需要重新调整个人愿景，重新寻找一个更庞大的目标。我需要改变自己的现实。

▶ 从个人层面意识到你可以改变现实 ◀

史蒂夫·乔布斯曾说过，人生的奥秘就是发掘一个人改变的潜力："一旦你发现了一个简单的事实——你周围所谓的'人生'都是由那些没你聪明的人创造的——一旦你明白了这一点，你就可以改变人生，就可以塑造人生，这可能是最重要的事情。一旦你明白了这一点，你就会发生质的变化。"[3]

许多人相信现实是一个我们必须让自己适应的盒子，一个我们必须遵守规范并完成交付给我们的任何工作的地方。大多数人都把现实当作既定事实：事情就是这个样子，无法被改变。一般来说，人们通常都会认为自己是重大变革和他人决策的受害者，他们没有意识到自己在改变现实和决定现实走向中的主动性和责任。我们每个人都有改变现实的潜力，不管是在与我们直接相关的环境中，还是在更广阔的外部环境中。所以，一旦你意识到你有能力改变所处的环境和改变自己的可能性，作为领导者的你就会发生翻天覆地的变化。领导力就是通过某些方式改变现实，所以设定愿景就是明确地意识到你可以改变现实，并且明确表明可以用什么方式来实现。

▶ 理解你的环境 ◀

作为领导者，一旦你认识了自己和你的愿景，认识到自己可以改变现实，你就必须努力实现这个愿景。为了做到这一点，你必须理解自己的环境。

可能你需要理解的第一件事就是，你并不是一个人，所以倾听并理解员工的渴望以及这一切的背景就十分重要。我曾经问过在1982—1996年担任西班牙首相的费利佩·冈萨雷斯，一个真正的政治领袖，到底是选择一个方向，然后说服所有人跟随他，还是要理解所有人渴望的东西，然后提出同样的方向。他微笑着回答："可能两者都有。"一个领导者不仅要坚持自己想要的东西，然后带领团队所有人实现自己的目标，还要倾听团队员工的抱负和梦想，正如我们在下一章看到的，一个真正的领导者会分析并理解他所处的环境，同时平衡他的愿景和价值观。

事实上，理解你所处的政治、工作和文化环境对建立一个更加平衡的愿景十分重要。能够认识到历史节点利害攸关之处的领导者才有能力确定一个合适的愿景。高效能领导者必须知道如何解读现实，并且理解现在的情况。他会感觉到世界正在朝什么方向发展，需要改变什么，以及他想改变什么。

但是，一旦我理解了自己的环境，并且分析了改变的前景，我就必须决定我的想法、我的价值观以及我应该如何采取行动。这做起来很难吗？当然难，这几乎是不可能的。然而，我们必须时刻牢记愿景，对它深信不疑并理解其相关背景，这样我们才能更好地实现梦想。这种认识不仅是人生中的一种决定性因素，也是对杰克·韦尔奇等领导者的一个严峻考验。杰克·韦尔奇对此表示：

> 在危机中，你必须明白你代表什么，你的目标是什么，你的个人价值是什么。

事实上，一旦你知道了自己想要什么，你相信什么，你想实现什么，以及你的环境是什么，也就是说，一旦你知道了自己的愿景，发现了实现愿景所需的情感资源，创造一个组织去实现愿景或者加入一个已经存在的组织会更容易。

▶ 为什么很难实现愿景？◀

虽然我坚持认为情绪是领导者成功的最关键因素，在建立和实现愿景中也最为重要，但情绪有时候也会阻碍愿景的实现。事实上，我们必须思考：如果愿景对成功这么重要，那么为什么这么多人在设定自己的愿景时就已经失败了？忽视自己的个人和专业愿景有很多原因，但可能其中最普遍的一个原因就是恐惧。比如，当我想起自己可能无法实现自己设定的愿景时，我会感到恐惧，所以我宁愿一动不动，保持沉默。我们都害怕建立一个过于雄心勃勃并且无法实现的愿景，因为最终你必须审视自己的内心并问自己：我真的为实现这个愿景全力以赴了吗？你必须衡量自己到底做出了多少努力。很难说你真的很想做成某事，并且为此全力以赴，但最后发现这远远不够。

▶ 不是 CEO 也能建立愿景 ◀

除了恐惧，另一个经常用来避免建立雄心勃勃的愿景的借口就是反复告诉自己，你不是 CEO，你不是负责人，这不是你的工作或者职责："我可以设定这样或那样的愿景，但这不是我的工作，这是 CEO 的工作。"

但真的只有成为 CEO 你才能建立愿景并激励你的团队吗？虽然确定整体的愿景并规划路线图去实现这个愿景是领导者的主要责任，但我们可以提出更微观的愿景来努力说服我们的同辈。而且，愿景或梦想是"嵌套的"，也就是说你的小团队可以有一个愿景，也可以与其他小团队一起为整个组织的愿景做出贡献。所以，你不需要成为一个 CEO 才能建立愿景，老实说你甚至不必非得成为老板才能用你的愿景激励别人，你只要是某个团队中的一员就足够了。正如橄榄球运动员、1972 年安第斯空难幸存者南度·帕拉多所坚持的那样："领导力之所以要随着情形进化，不是因为每个人都想成为领导者。反过来，领导者之所以进化是由于情形的变化。"

可能你所在的组织缺少愿景，它只是塞给你几个目标。那么，你可以继续努力将这些目标转化为你所在部门的愿景，创造出一些实现团队目标的新方法，并且依据这些目标建立一个具体的项目，这样才能激励整个团队。通过确认重要的挑战或者具体的学习过程，你可以开始创造一种新的"团队精神"，这种精神会产生新的行动方案。

确定愿景也是一个学习的过程，当你在职业生涯里变得更加自信时，你为自己和团队设立的愿景也会随之增长，变得更加宏大，也与你个人的梦想更加匹配。最终，你的领导能力也会随着时间的推移得到提高。

所以，不管你是为了建造大教堂而雕刻石头的石匠，还是企业家、高管、经理或者雇员，不管你喜不喜欢，我都想邀请你去认识你在社会中作为领导者的角色，在专业领域和公共领域表明自己的立场。不管你身处何地，不管你在组织中有多么位高权重，都需要接受这个挑战，现在就开始领导的过程吧！这一切都与人有关，与你有关。

记住，一个组织的愿景或者梦想，加上其催生的情绪，是组织文化的基础。或者换种说法，文化的第一根支柱是驱动它的愿景，而且正如我们所见，文化对任何一个组织的成功都是至关重要的。为了检验你作为首席情绪官是否掌握了创造愿景的角色，你可以问自己以下问题：

你的梦想是什么？组织的梦想是什么？

第四章

第二个角色：一切都与人有关

商业的关键是人。一切都与人有关……企业拥有的唯一可持续的竞争优势就是人。

——赫布·凯莱赫

▲ 领导力

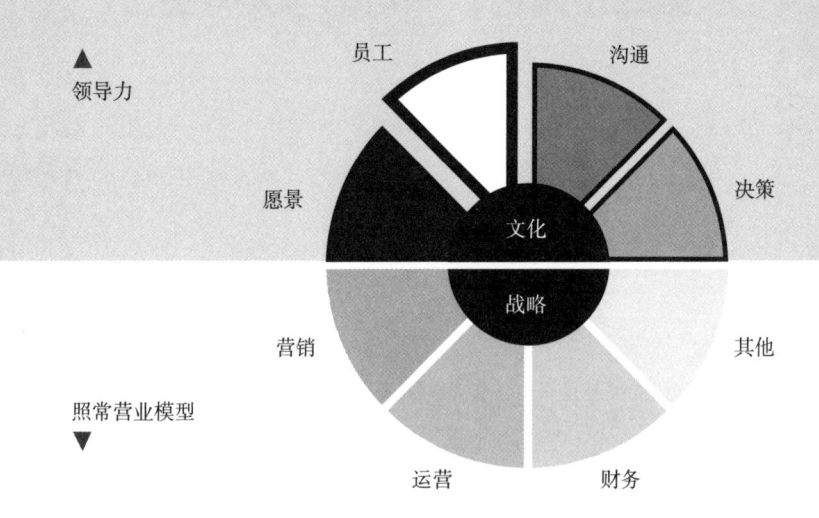

员工　沟通

愿景　决策

文化

战略

营销　其他

照常营业模型
▼

运营　财务

从好的领导者到伟大的领导者

如果你是一个领导者,你必须清楚人的重要性。永远不要认为世界会围着你转。

——鲁迪·朱利安尼

第二个关键的领导力角色是关注人。这不仅包括简单地组建最优秀的团队,还包括一旦找到那些人,你要真正关心和照顾他们。好的领导者能意识到他们需要人才来取得成功。毕竟,没有强大的团队,没有人才,做不出什么大事。管理学专家、畅销书作者肯·布兰查德简明扼要地说:"人不是你组织里最重要的资源,他们就是你的组织。如果他们走了,你就什么都干不成了。"

然而，伟大的领导者和首席情绪官的特别之处在于，他们深切而真诚地关心并照顾他们的员工。

深切而真诚地关心员工会对整个组织产生非常深刻的影响，因为领导者如何关心和照顾他们的员工也会反映在组织的价值观里，这是构成组织文化的基本元素。领导者的行为反映了构成文化的价值观，所以通过领导者聚集和对待员工的方式，我们可以看出这个组织是把员工当作人力资源还是活生生的人。正如设定愿景一样，当你真正关心和照顾你的团队成员时，你就在团队成员心中唤醒了一系列非常重要的情绪，比如归属感、集体感、自豪感、参与感、奉献感和信任。我们在前一章已经看到，这些情绪对绩效提升非常重要。

打造和发展有才华的团队

最有价值的资产就是人才。

——何塞·穆希卡
2010—2015 年担任乌拉圭总统

我从来没想到过运行一个组织会这么复杂。然而，我也认识到了这一切都与人有关，要选用正确的人……人才是 CEO 的首要任务。

——钟彬娴
雅芳前 CEO、格莱珉银行总裁兼 CEO

如果人是领导者成功的关键，那么你要做的第一步就是召集最优秀的人成为你的员工。克劳迪奥·费尔南德斯-阿劳斯是一名资深猎头顾问，在《才经》这本书里，他提出决定职业生涯成功的最大因素就是做出重大人事决策的能力：

> 一旦你当上了经理，没有什么事比做出伟大的人事决策更重要，因为任何事都取决于你选择的人——你做的所有事情都是通过他人实现的。做出伟大的人事决策甚至比拥有正确的战略更加重要，正确的人能帮助你定义正确的战略，并且推动战略实施，但反过来不行。

更重要的是，他认为除了遵循高度标准化的搜寻过程，能够理解人才并评估他们和团队的匹配性是一项可以通过学习获得的技能。

▶ 领导者通过招聘最优秀的人打造最优秀的团队 ◀

如果人才是组织成功的关键，那么你就需要招聘最优秀的人才。我们该如何建立最优秀的团队呢？对"最优秀的人才"的定义显然有多种维度，回想一下谢家华的例子我们就能明白这一点。但对最有成就的领导者的招聘实践进行观察后，我发现有一点非常重要，那就是他们专注于那些比他们强的人，也就是那些比他们本身拥有更多优点的人。

比如，伟大的领导者喜欢招聘聪明的人，但有意思的是，他们尤其喜欢挑选那些比他们聪明得多的人。杰克·韦尔奇就坚持"不要成为这个房间里最聪明的人"。事实上，他事业成功的关键在于他的身边总围绕着最优秀的专业人士。"我喜欢聪明人，我一直在寻找聪明人以及除了聪明还有勇气和自信去坚持自己信念的人，还有那些接受挑战并不懈努力的人。"韦尔奇说。

西班牙前首相费利佩·冈萨雷斯从心底赞同这个观点。他说，为了充分利用智力资本和创新思维，你必须跟天才一起工作，虽然这可能意味着"忍受他们的才华横溢会让你非常烦躁"。冈萨雷斯承认，管理团队中的天才可能很困难，但他坚持"不去利用才华是非常愚蠢的"。

大致来说，钟彬娴和伊坎企业创始人卡尔·伊坎都乐意招募那些优秀的员工，这些员工身上有他们所不具备的特质或者他们希望模仿的特质。钟彬娴解释道："花时间想一下，你能够找到那些比你优秀的人。"卡尔·伊坎则这样说："要和比你优秀的人待在一起。挑选那些比你优秀的人当合伙人。"

▶ 考虑到自身局限性，领导者在建立团队时要随机应变 ◀

伟大的领导者努力雇用最优秀的人才，但他们也擅长在现实条件的束缚下，寻找可用的人才。瑞士手表公司宇舶的CEO让-克劳德·比弗就是一个很好的例子。在2004年比弗接手公司的时候，宇舶的情况非常严峻：公司大约有20名员工，每年的销售额不到2 500万美元，据比弗说，3/4的公司已经停摆，面临破产。

面对这种状况，他该怎么做呢？比弗在手表行业是一名资深高管，他分析了现状后认为："我们想要最优秀的团队，因为只有依靠最优秀的团队我们才能重新征服世界，但不幸的是，我们没有足够的钱来请最优秀的人。"所以他提出了另一种解决方案——招聘退休人员。

在瑞士和其他各地，许多62~65岁的员工都被迫退休，因为人们认为他们年纪太大了，已经不能工作了。但比弗拒绝接受这种观念，他解释道："年纪不是你的通行证，你真正的年纪体现在你的大脑、你的眼睛、你的心、你的血液和你的激情中。"他立即招募了一支由退休员工组成的团队，这个团队的成员拥有让人嫉妒的资历和潜力，但其雇用成本非常低，比弗说："67岁的生产经理，69岁的采购经理，71岁的销售总监，还有74岁的冶金工程师。突然之间，我们集结了过去征服未来的最强团队。"

比弗发现并雇用了所能找到的最优秀的人才，还赋予他们一个非常强大的身份：过去征服未来的最强团队。

就是这样，仅仅三年，宇舶的业绩就增长了500%，收益达到了1.3亿美元。之后，比弗把公司卖给了奢侈品品牌LVMH集团，具体的交易金额没有披露，但对比弗来说这一定是一个重大胜利。这个例子告诉我们，懂得如何在现实条件的限制下寻找和建立最优秀的团队十分重要。而且，这表明激发你的最佳才能也同样重要，因为团队中的所有成员都十分宝贵。

▶ 领导者要意识到团队成员的价值并激发其最大潜力 ◀

我明白了领导者必须激励他们接触的每个人，让他们成为最好的自己。

——凯文·罗伯茨

团队领导者很少能够建立梦想中的团队，在任何一个团队中总是有一些不那么优秀的成员。我曾听过许多高管以此为借口："我之所以没办法达到自己的目标，是因为没办法组建自己的团队。我手下的人都不顶用。"然而，所有的团队成员都有自己闪光的地方，你需要做的就是激发他们的最大潜力，发挥他们的才能。

要想实现这一点，就需要确保每个人每天都在做自己最擅长的事情。正如企业管理专家汤姆·彼得斯所说："当你将个人技能发挥到极致的时候，你会感到非常快乐。"领导者的责任就在于此，因为这不仅仅是快乐员工和不快乐员工之间的区别，更是成功和失败之间的区别。国际畅销书作者、商业咨询师马库斯·白金汉姆以提出木桶理论而闻名，他认为人们应该专注于发挥自己的长处，而非弥补短处。他说：

> 所有伟大的公司都会聚集最优秀的团队，这就是打造卓越公司的奥秘。所以我们必须知道公司内部的差异是什么，是什么造成了绩效的差异。如果你只有一个问题，就是想知道高绩效团队和低绩效团队有什么区别的话，我想提出一个问题：在工作中，你有机会做你最擅长的事吗？这不是你唯一要问的问题，但这是最重要的问题。

高绩效团队和低绩效团队的区别就在于能否让员工每天做他们最擅长的事情，不要低估这一点的威力。加里·哈默曾指出一些"非常让人羞耻的"数据：在一家公司里几乎只有10%或20%的人是高度参与的。彼得斯确认了这一点，他引用盖洛普2005年的调查数据，"在美国有55%的员工'积极脱离'他们的工作，而每年的生产力成本是3 280亿美元"。[1]哈默推断，之所以会造成这种状况，是因为当今许多公司使用工业革命时期的管理模式，而其依据的前提已经过时了。在工业革命时期，公司的主要目的是大规模生产产品，这样才能降低成本并且开拓大众市场，这就逼迫它们把产品、运营和生产过程标准化。此外，工作任务必须简单且具有重复性，因为那时大部分工人都是文盲。

而新出现的服务业，尤其是客户服务，需要公司转变发展方向。今天的服务、知识和创新经济不再需要顺从的员工去完成不断重复的任务，而是需要聪明、受过教育的劳动力能够做出决策，并利用他们的能力与别人互动。哈默说：

> 人类天生就具有内在创造力，也有权力发挥创造力，然而组织里有太多事情违背了这一原则。看到组织中员工脱离工作的数据我感到很震惊，此外还有很多人没有把自己的情绪、激情和创造力带到工作中来。我认为，如果你是一名经理，看到这些数据——只有 10% 或 20% 的人是高度参与工作的——会让你非常羞愧。

简而言之，简单重复的工作无法让你的员工每天保持最佳状态。你需要激发团队成员内在的激情和情绪，你需要发展他们的创造力。当你无法充分利用员工的智慧和创造力时，你就浪费了他们的才华。当你无法完全调动员工的思想，你也就无法得到他们的激情和情绪，这样就会导致低参与度和低绩效。作为领导者，你的主要角色之一就是利用员工最擅长的事情，发掘他们内在的天赋和特质，这样你才能获得每个人的最好状态。

▶ 领导者要一直开发员工的潜能 ◀

领导者必须成为管理人才的大师。如果领导者无法理解人才，不知道如何使用人才，如何培养人才，如何雇用人才，那么这个人是分析师，而不是领导者。

——**拉姆·查兰**
世界知名商业顾问、作家，美国国家人力资源学会会员

我总是寻找那些热衷于培养人才、释放人才潜力的领导者。这是商业中最有趣的事情。

——**卡莉·菲奥莉娜**

对我来说，菲奥莉娜的评论非常有指导意义。商业的快乐之处就在于深切而真诚地关心员工，关心他们的个人和职业发展，满怀激情地致力于开发他们内在的天赋。

穆罕默德·尤努斯是诺贝尔和平奖获得者，也是格莱珉银行的创立者，这是一家小额贷款金融机构和社区开发银行。尤努斯曾给我讲过一个惊人的例子，它展示了如何开发每个人内在的天

赋。他致力于开办乡村银行，想要为底层最贫困的人们提供小额贷款，这招致了社会上许多来自不同行业人士的严厉批评。他的批评者声称，只有具备特殊创业才华的人才应该接受这种援助。而尤努斯对此不以为然，他致力于证明所有人都是企业家，这种特质不仅仅局限于社会的一小部分人。在他看来，一些人发现了自己的创业才华，而一些人还没有发掘出来。他的目标是给所有人提供机会，让他们能开发个人主动性和潜力。

为了证明小额贷款"只应针对企业家"这种观点是错误的，尤努斯开始向乞丐提供小额贷款。在一次对话中，他告诉我：

> 所以，证明这种观点的一种方式就是给乞丐提供贷款，如果乞丐因此能够发掘出自己的天赋和创造力，那么就能证明即使是乞丐也可以成为有创造力的企业家。所以我们与乞丐交谈，我们提倡的观点是：当你挨家挨户地乞讨时，你能给他们带点小商品吗？比如一些饼干、糖果或者儿童玩具，这样说不定那户人家就会买你的东西。到目前为止，我们已经服务了超过10万名乞丐，其中许多人都已经离开了街头。我们4年前开启的这个项目，现在已经有超过11 000人实现了自给自足，不再需要我们提供免费的资金支持，其他人则是乞丐和兼职销售员。

多么让人惊叹的一个例子！让成千上万的无家可归者能够养活自己，靠自己谋生。尤努斯帮助他们改变现实，用自尊抵消偏见。那么，在看到尤努斯与乞丐的例子后，CEO 怎么能说他们做不成事是因为手下只有一群"普通"的员工呢？

▶ 领导者创造领导者，而非追随者 ◀

以前领导者会创造追随者，而现在领导者会创造新的领导者。

——**史蒂芬·柯维**
作家、主题演讲者、宗教教育博士

在某种程度上，我们可以说尤努斯把乞丐变成了 CEO，变成了他们自己公司的领导者。可能这是个极端的例子，但我觉得这就是最终目的，这种说法一点儿也不牵强附会。在理想的情况中，你雇用和培养的人才将会变成下一个领导者。当你发展团队、激发每个人的最好状态时，你不仅是在帮助他们寻找和发展自己的才华，也是在帮助他们寻找内心的声音——他们在人生中想要什么东西以及他们想如何改变这个世界。最终，这会让他们找到内心的领导者，并将其发挥出来。伟大的领导者不是吸引追随者，而是致力于创造新的领导者。

▶ 领导者要了解团队成员，以识别人才并培养其领导特质 ◀

你要如何实现这一切呢？为了让一个领导者彻底激发出员工的才华和整个团队的潜力，并在不久的将来培养出新的领导者，他需要确认每个人擅长什么、喜欢做什么，还有每个人的才华和激情是什么。但是，这些东西该如何确认呢？

要想成功确认这些情况，关键在于了解你的员工，为了实现这一点，你需要学会询问、倾听、观察和理解员工行为中最微妙的方面。之后，你要淡化员工是人力资源的想法，而要把他们当作人。要真心地把他们当作人来关心，而不只是雇员。

领导者拥护人的价值观

在我详细解释为什么要把员工当作人而不是人力资源之前，我觉得有必要强调并理解价值观和行为的重要性，因为这两点将影响我们如何看待我们的员工，我们如何对待他们，以及我们如何关心他们。所以，在这里我先要讨论一下价值观和行为的定义，以及两者之间的区别，尽管大多数高管都不清楚二者之间的区别。比如，在杰克·韦尔奇眼里，价值观和行为是可以互换的，而谢家华将下面这些所有评估准则都归类到价值观。

我认为十分有必要对二者做出区分，因为它能让我们正确地选择和管理每个要素。

在组织文化中，每种价值观最终都会转化成行为，所以我们可以将其视为成对的"价值行为"。比如，"谦逊"这种价值观与"向他人寻求帮助"的行为紧密联系。而且，任何特定的价值观都会有一系列的行为，所以"谦逊"这种价值观还可以引申出"承认我不知道"和"认同他人"等行为。

所有行为的背后都有价值观，价值观总是通过行为得以表达。如果你想一下就会发现，当组织做出决策时，价值观就会转化成行为。比如，如果我们将"诚实"当作一种价值观，它就会体现在决策中，进而产生具体的行为，比如"禁止行贿"或者"在制造过程中不能以次充好"。

在这本书余下的部分里，我会将那些与人有关的价值-行为组合称为"价值观"，将那些与商业有关的价值-行为组合称为"行为"。因此，当我说起价值观时，请记住这些价值-行为组合与人有关（他们如何被感知，他们怀有的愿景和理想是什么）。当我提到行为时，你要知道我正在讨论的是更偏向于商业的价值-行为组合（传递价值定位的必要态度）。这也是为什么我经常在"行为"前加上"战略的"这一形容词，并且经常讨论"战略行为"，目的是表明它是我们与战略、商业的价值定位的联系。

在这里需要重点指出，由于价值观总是与个人对其他人的看法有关，许多不同的公司和部门可能具有同样的价值观。然而，行为显然与公司战略相联系，因此它可以随着时间不断进化，甚至在公司不同的部门（不同的亚文化）中得到不同应用，这一点我后面会解释。

简单来说，一个公司的价值观决定了它如何对待员工，如何关心员工，以及这些行为的形式。像赞扬和认同等行为能激发员工最好的状态一样，创造领导者而非追随者等行为表明员工和领导者对待他们的方式是优先选项——他们是被珍视的。这些行为及其背后的一系列价值观因此得以确认、交流和实现，这最终会成倍增加个人和团队的绩效。除了组织的愿景和梦想，这些价值观是支持组织文化的第二根支柱。

我知道这听起来有点儿陈词滥调，但事实并非如此。如果我们说人是文化的起点，那么之后我们必须选择去相信哪些价值观，并且愿意付诸实践。价值观的尺度负责建立基本的、看不见的规则，这些规则能够管理员工和公司之间的关系，以及职业优先事项——实际发生的行为。此外，这种隐晦的行为法则通常反映在人事任命和公司决策中。

有一个比较极端但非常有说服力的例子就是军队。对军人来说，服从命令和完成任务（行为）远比个人的生命更加重要。事实上，士兵必须将服从命令放在第一位，即使这会让他们有丧失生命的危险。

幸运的是，商界不会要求员工具备这么高程度的忠诚。但是，就像军队和军人之间建立起的这种紧密关系一样，公司和员工之间的互动也反映了公司的价值观。比如，根据赫布·凯莱赫所说，如果西南航空公司的某个员工正在服丧，其他所有员工都会为他感到惋惜，同样的还有喜悦和庆祝，这样就把同理心放在了公司目标之上。当关心员工的这种价值观超越了对商业结果的追求时，它就会在所有商业决策和行为中得以体现。

因为组织更加注重领导者的价值观和行为，所以作为领导者你必须探索自己的价值尺度，这不管是对身为领导者的你还是对你的公司来说都很重要。而且，由于它被称为尺度，你也就必须清楚在这个列表里哪些价值观更重要。特别是你必须决定什么更重要——究竟是员工的工作还是他的个人生活？

此外，你必须思考当这些价值观相互冲突时你要如何应对。如果我的员工走过来告诉我，他的教子明天下午要结婚了，我应该放他假吗？具体情况有哪些？这些答案同样适用于想要参加孩子学校表演的父亲吗？如果他的孩子生病了呢？公司如何应对？在更加复杂的情况下，比如一个员工生病了，但明天有一场很重要的演讲，这时候公司该怎么办呢？在这种情况下，公司该如何权衡事情的优先级呢？

公司及其领导者还必须在信任员工和控制员工之间做出选择，

在利用员工和培养员工之间做出选择。公司是否认为员工足够成熟且有自制力，能在非常自由、没有太多限制的情况下努力工作？还是与之相反，员工应该被置于诸多控制之下，几乎没有自由？公司的员工能否在灵活的框架下工作，使他们能够自由安排自己的计划，还是需要遵循严格的行程表？在一定条件下，员工会被允许在家工作吗？公司是想让员工享受工作，还是只关心公司的生产效率？公司的工作应该是竞争性的还是合作性的？团队成员能彼此信任吗？

我相信，你们每个人对这些问题都有自己的看法，这很好，但你必须记住，对于这些问题你要有自己的立场，因为你的立场将定义公司的一般价值观。通过这些选择，你和公司就建立了一个明确的道德契约和一套价值观，员工应该按照这些价值观生活和行动。通过它们，每个员工有意识或无意识地就会知道组织的"潜在契约"是什么，从而明白如何采取相应的行动。

▶ 领导者应该意识到员工不是资源，而是真实的人 ◀

我发自内心地认为，我们对员工的人文主义态度可能比其他任何事都重要，因为我们将他们视为独立的个体，而不仅仅是员工。我们对他们倾注了非常多的关注。当他们的生活遭遇不幸时，我们为他们悲伤；当他们在生活中收获快乐时，我们也与他们一同欣喜。我们努力让员工意识到我们珍视他们,把他们当作真正的人,而不仅仅是员工。

——赫布·凯莱赫

每个人都不是人力资源,把人称为资源是一种侮辱。我是一个人,你也是一个人,我们大家都是人。所以人们可能就会问:"那我们应该怎么称呼人力资源部?"我的回答是将其称为"人类部"。"人力资源"是一个很糟糕的词语。仔细想一下,我们是资源,是人力资产或者人力资本。最糟糕的地方在于这种经济思维主导了我们的意识。

——亨利·明茨伯格

国际知名学者、作家

虽然人们都认同"一切都与人有关"这种理念,但很少有公司和高管真的把员工当作活生生的人,或者将其视为在办公室之外拥有真实的渴望、需求和感觉的人。员工经常被使用和评价为"人力资本"或"人力资源"——非人的工具,好比轮子上的小齿轮或者装配线上可互换的工人。这种理念深深植根于我们的商业文化,而且这一点在"人力资源部"这个术语中体现得最为明显,这个部门主要负责管理员工、招聘、发展以及绩效评估等事务。正如明茨伯格所说,这个术语把人当作资产、工具或者资本,而非真实的人。

不难想象,把人当作人而非资源或者资本可能会造就更大的成功。比尔·科纳蒂给杰克·韦尔奇做了15年的高级人力资源副总裁——虽然他们还用"人力资源"这个名词，这很矛盾。其成功的秘诀是深切地关心员工，把他们当作人。科纳蒂告诉我：

> 在韦尔奇之前，他在通用电气的前一个老板曾经这么评价他：你是我手底下第一个真心关心员工的人力资源管理者。

这解释了为什么科纳蒂跟韦尔奇合作得这么亲密无间，他们一起领导通用电气的"人"走向成功。事实上，科纳蒂把公司当作员工。他们是活生生的人，不是资源，不是建筑，也不是资产，所以你必须关心他们：

> 公司就是员工——他们会悲伤、会失落……许多人妖魔化员工，因为他们把员工当作建筑，但员工更像是一个社区……每个人都有一个家庭，他们相互照顾。如果他们没能交付工作成果，你可能会辞退他们；如果他们能交付工作成果，你可能奖励他们，他们都是真实的人。

凯莱赫还创造了一种文化，在这种文化里员工被视为真实的人，并且员工被鼓励展现真实的自己，而非作为无名的资源或者可交换的资本。他解释道：

> 我们珍视组织中的员工。我们要求他们成为自己，在工作中自由地做自己。我们和员工说，我们之所以雇用你，不是因为你是自动机或机器人，而是因为你的个性，所以继续在工作中保持自己的个性吧！他们可以拥有快乐，他们可以拥有创造力，在可能面临的问题面前他们拥有很大的自由度。

▶ 从顾客至上模型到员工至上模型 ◀

有些公司对待员工的方式发生了根本性的改变，这体现在它们与顾客的关系上。为了理解这一点，我们要回头看一下在第一章讲的双重框架。在强调硬变量的照常营业模型中，顾客是最重要的因素，在过去几十年里有许多这种口号。

- 把顾客放在第一位。
- 顾客永远是对的。
- 永远给顾客超过他们预期的服务，给他们惊喜。
- 永远不要低估顾客愤怒的威力。

但是，当我们把领导力这一看不见的因素添加到这个框架中时，我们会得到一个全新的视角。很明显，如今在组织中最为重要的因素是服务顾客的员工。只有当我拥有一支受过专业培训、受人尊敬、情感丰富并且充满活力的员工队伍时，我才能用自己的产品和服务来为顾客提供服务，并且从中盈利。

这就是为什么西南航空的凯莱赫毫不犹豫地说：

> 员工和我的团队是第一位的，然后才是顾客。我不觉得如果你说顾客永远是对的，你就能真正尊重和维护你的员工。

西南航空每年要运载一亿人出行，所以他们总是会碰到行为不端、虐待员工的乘客。他给我举了一个例子：

> 有一次，一位女士拿起售票处前面的立柱打了前台客服的头。我应该对她说"你是顾客，你永远是对的"吗？不，你错了，我应该说"我们不想再运载你了"。如果不管顾客怎么虐待员工，你都说顾客永远是对的，那么你就无法让员工获得尊重。所以，我们不会容忍顾客虐待员工。我们的员工都很喜欢公司的这一点。

维珍集团的理查德·布兰森也对此表示认同：

> 我认为要想激励员工，你就要真正关心他们，把他们放在第一位，甚至是在顾客之上。

星巴克也是一家把员工放在第一位的公司。该公司的 CEO 霍华德·舒尔茨认为员工和社区是最重要的：

> 我们的生意是人服务咖啡，而非咖啡服务人。

很明显，他明白这两个概念之间的区别，正是这一点让他养成了一个习惯——每周拜访 25 家店铺。难道他不能待在舒适的办公室里看各种报表和指数吗？他当然可以这样做，但他对数字不感兴趣，他感兴趣的是员工。所以，当舒尔茨在退休 8 年后重新担任星巴克的 CEO 时，他对员工传递的第一个信息就是：星巴克不是（也从来不是）关于咖啡的，而是关于人的。

这些领导者没有一个人把员工称为"人力资源"，而是使用"人文主义的解决方案"这一说法，他们不仅"尊重"每个员工的"个人生活"，也"真心关心"员工的"个性""悲伤""损失"和"快乐"。

一旦你把员工当作人来对待，就会产生让人意想不到的结果，尤其是我们前面提到的公司的盈利能力和成功。在我整个职业生涯里，我碰到的许多高管都跟我说员工是他们最重视的因素，但他们从来没有像凯莱赫、舒尔茨、布兰森等人那样热情、频繁或真诚地讨论这一点。所以，这些高管里很少有优秀的领导者。难道一流领导者和普通领导者的区别就在于他们能否把员工当作商业中最重要的组成部分，真正关心他们并按照价值观对待他们吗？

伟大的领导者深切而真诚地关心并照顾员工

到目前为止，我相信你已经很清楚了，要想提高领导力，你不仅要认识到你需要员工来实现自己的目标、打造优秀的团队，还要对人才进行管理。我认为真正将伟大的领导者与其他领导者区分开的是，前者真诚地关心并照顾周围的员工。

关心员工就是要关注并了解他们的需求；照顾员工就是承担这份责任，愿意回应并且满足他们的需求。我们虽然在前面已经讨论过这两方面的内容，但接下来还需要详细地解释一下。

▶ **伟大的领导者关心员工** ◀

领导者的特质是什么？在我看来就是真正关心并热爱公司及公

司员工。

——菲利普·科特勒

对管理层来说,最重要的事情就是他们要真正关心员工,要真正寻找员工的优点,要激发员工的最佳状态。

——**理查德·布兰森**

是的,伟大的领导者关心员工。关心员工不仅是指关心员工的工作绩效,也是指关心员工的整个生活——不仅有专业工作层面,也有个人家庭层面。他们关心员工在做什么,在想什么,正在经历着什么,以及激发他们的动力是什么。这些领导者不会将他们的团队成员看作"人力资源"或者"员工"(或者在政客眼里是"选票")。与之相反,对这些领导者来说,人的价值比人力资源大得多。

当然,每个领导者关心员工的方式都不一样。有些领导者的关心表现为对周围的员工有一种非凡且真诚的兴趣。另外一些领导的关心表现为,不管他们处于社会或职业的哪个阶层,他们都渴望与员工交流。还有一些领导对员工绝对信任,相信他们能够圆满完成工作。

举个例子,5年多来,我每年都会多次见到克林顿总统,有时候是他来参加我们的活动,有时候是我去参加克林顿全球倡议会议。但我第一次见他是在芝加哥历史悠久的阿里皇冠剧院，在那里他给我留下了深刻的印象，并且一直在我的脑海里挥之不去。当他来参加活动时，我们必须穿过服务员的私人通道去后台休息室。在两个房间之间的交叉口，一个男服务员正在把着门等同事。我跟总统还有他的秘密特勤急匆匆地经过他身边，当时男服务员用崇拜的目光看着克林顿。当克林顿注意到他的目光后，他停了下来，转身走回来。他跟这位服务员打了个招呼，握了手，并感谢他为自己开门。虽然整个过程只持续了几秒钟，而且之后克林顿就走了，但我确信这位服务员会永远记得这一幕，记得克林顿传达出的真诚。

大多数高管都认为员工是商业里最重要的部分，但只有很小一部分领导者将这种信念付诸实践。我还记得有一次在我讲完课的时候，一个参会人员走过来对我说："我的老板总是问我过得还好吗？但从来没有停下来认真倾听我的回答。"

我们可以将这种行为与克林顿在芝加哥阿里皇冠剧院的行为做对比，那时克林顿已经结束了两届任期，不可能再连任。他当时没有参加任何政治活动，所以很明显当他跟服务员打招呼时，他没有期望从中获得任何好处。相反地，他这样做是因为他发自内心地观察并且思考他人的感受。

"我认为领导者必须做的另一件事就是，不仅要理解政策，还要理解员工，"在一次现场访谈中，克林顿在2 000多名高管面前对我这样说,"有人曾经问我是怎么从一个贫穷的州走出来并成功当选总统的,我对他们说,我之所以成为总统,是因为我是从一个又小又穷的州走出来的。"克林顿这样说是什么意思?他的理由是什么?克林顿接着解释道:

> 在我10岁以前,我家连电视都没有。我父母和祖父母那一代人都没有接受任何教育,当然他们都很聪明。在我成长的环境里,我周围的那些人都很厉害,那个给你加油的人可能会像镇上的医生一样聪明。

随后他揭露了领导力的一大核心:

> 我们从小时候接受的教育就是对每个人怀有强烈的兴趣,相信每个人都有自己的优点,每个人都有自己的故事,并且要思考自己的一言一行会给别人带来什么样的影响。这就是一个领导者需要做的,最优秀的领导者可以做到这一点,从中得到力量,而不是被它压垮。

因此,按照克林顿的思路,如果一些领导者真的关心员工并且意识到他们对员工的巨大影响,那么他们可能会被"压垮",但伟大的领导者会从中获得力量。

总之，这里的关键在于要对人有一种"强烈"的兴趣，而这种兴趣是由真正的关心带来的。

我与韦尔奇来往多年，他总是将领导者定义为"善于与人打交道的人"，换句话说，一个擅长和他人产生联系、关心他人的人。当你跟韦尔奇待在一起的时候，即使只有 30 秒，他也会全心全意地与你对话。他确信，在那一刻你会觉得自己是他唯一重视的人，能够得到这种关注会让人感觉非常舒服。我曾见过很多人向韦尔奇打招呼，在那几秒钟里，韦尔奇就像克林顿对待服务员一样总是能让对方对他既着迷又崇拜。

比尔·科纳蒂曾回忆起他与韦尔奇在一起的时光：

> 我觉得我跟韦尔奇很合得来……我们都非常坚定地相信人。我们都出身寒微，所以与底层工人或者工会领导者打交道都没问题。我之所以喜欢我的工作，是因为我跟工会领导者一起工作，就像和公司 CEO 一起工作一样如鱼得水。所以，最重要的是人，是真正与人产生联系的能力。

西南航空的凯莱赫同样对人有着非常大的兴趣，而且他推崇人的价值。当我问他成功最重要的个人秘诀是什么时，他回答道：

> 我总是对人非常感兴趣，我一直都非常喜欢人——各种类型的人以及处于社会各个阶层的人。我很享受建立团队，同舟共济，为一项有价值、有希望的事业奋斗。

凯莱赫能够成功将自己对人的兴趣转化为西南航空的公司文化，并让公司关怀员工。西南航空把员工放在第一位不是一句空洞的口号，这种严肃的价值观直接来自凯莱赫以及他对各种类型的人的兴趣和关心。回想一下，之前他坚持要求西南航空让员工成为自己，"拥有在工作时成为自己的自由"。他声称："我们之所以雇用你，不是因为你是自动机或机器人，而是因为你的个性，所以继续在工作中保持自己的个性吧！"在这么庞大的一家公司中，这就意味着要协调许多不同性格的人，让他们共同工作。再回想一下之前凯莱赫所说的，如果在西南航空有人遭遇不幸或者正在欢呼庆祝，那么整个公司都会与他们感同身受。现在，问一下你自己，如果凯莱赫和其他各级管理者对文化不感兴趣，也不提倡一种人们彼此感兴趣、足够关心并且了解他们生活中会发生什么的文化，那么这一切怎么可能会实现呢？

▶ 领导者给予团队体贴的反馈 ◀

想要证明你的确关心员工，另一种方法就是给予他们持续的和建设性的反馈，特别是要给出正面的评论。通过认可某人做得好的地方，我们创造了一种强大的心态，从而鼓励他继续成长和努力，并实现自己最好的状态。

有一次韦尔奇告诉我，在公司里有超过30个人直接向他汇报工作，这个数字让我十分震惊，这意味着他要定期与每个人促膝长谈，跟进他们的任务和目标。在每次会议结束时，他会给每个人写一张小纸条，说明他哪些地方做得好，哪些地方还需要改进。"这件事占据了我近乎60%的时间，"韦尔奇说。我听后不禁疑问道："你是怎么做到的？这样你哪儿还有时间处理自己的工作？"而他回答道："这就是我的工作。"

对韦尔奇来说，每个商业建议和日常会议都代表了一次向员工提供反馈意见的机会，而这是他管理哲学中最核心的部分。训练团队这项任务领导者无法委托给其他任何人，这可能也是领导者在所有组织中最重要的角色之一。领导者不执行过多的商业任务，而是将其委派给其他人。然而，领导者必须亲自完成的一项任务是照顾并跟进他的团队成员。

▶ 领导者信任他们的员工，这样他们的团队才会信任他们 ◀

虽然这看起来微不足道，但你可以找到一个合适的时机，告诉下属"我信任你"，这会产生极大的力量。如果一个领导者愿意把赌注押在他的员工身上，真正相信团队里的每一个成员，并且这种信任不是盲目的信任，而是他发自内心地相信他们是完成任务的最好人选，那么员工也自然会说"我信任你"，然后心甘情愿跟随他们的领导者。

这就是我看《华尔街之狼》十分有感触的原因。电影中有这样一幕，由莱昂纳多·迪卡普里奥扮演的乔丹·贝尔福特问他早期员工中的一个人，作为一个单身母亲，她是否还记得自己刚开始在那里工作时她向他要了什么东西。她回答道，她记得当时向他要过一张5 000美元的支票，用来支付孩子的学费和其他债务。"所以我给了你25 000美元，"贝尔福特说，"因为我信任你。"

这难道不伟大吗？你能想象这个女人对领导者的信任会产生多少忠诚、尊重和感激吗？这个例子展示了领导者该如何关心员工。尽管乔丹·贝尔福特可能不是一个可以效仿的正面例子，斯特拉顿·奥克蒙特证券公司的文化也不是你想效仿的文化，但这个事件不仅向我们证明了信任和关心能够让员工得到成长和发展——这个女人在这家公司工作了多年并凭借自己的力量获得了极大的成功，还展示出关心员工能够为你和你的公司文化带来巨大的红利。

▶ 伟大的领导者照顾员工 ◀

如果领导者能够照顾追随者，赋予他们权力，那么追随者也会回馈领导者。

——科林·鲍威尔

鲍威尔强调，你的追随者必须信任你，这样他们才会听从你的命令或者总体方针，因为他们相信你的引导会帮助他们获得最大的利益。要想让他们信任你，你就要真心照顾他们，不管是从职业方面还是个人方面。他解释道：

> 你要让他们相信你。你要激励他们，让他们做你想让他们做的事情，因为他们会认为你这是为了他们好。然后，你要确保你会好好照顾他们。你要给予他们需要的东西，你要培训他们，给予他们武器和装备。你要确保他们吃得好、训练得好、住得好——他们所有的需求都要得到关注。只有这样，他们才会信任你。

有一点很重要，那就是在这里信仰也是一种信任。如果你的员工真的对你怀有信仰，那么他们就会信任你。他们会相信你做的事情以及要求他们做的事情都有一个符合他们最佳利益的目标，而且在这个过程中你会照顾好他们。

杰克·韦尔奇曾说过要培养一种"慷慨基因"。对韦尔奇来说，正是这种慷慨基因最终会给他人和团队带来有利的行动。这意味着领导者要发自内心地对员工感兴趣，培养一种真切的关怀，对他们的个人和职业的发展负责，确保员工能融入工作，享受工作，并发挥出自己最大的潜力。最终，这不仅会在个人层面让员工成长，还会改善他们的财务状况，甚至让他们变得非常富有。在韦尔奇看来，对员工的关心和奉献要非常强烈，甚至使其成为你基因中的一部分。他坚持认为，成为一个领导者并不是关于你自己的，而是关于员工的，你应该始终关心他们的发展和福祉。他重复道：

> 不要问这将为你和你的公司带来什么，而要问这将为员工带来什么。是职业保障吗？还是晋升？还是个人成长？究竟是什么？把这些答案告诉他们。

这与你面临的资源挑战不同，资源主要涉及如何有效和高效地使用资源，重点是为股东带来的经济效益。当你发自内心地意识到员工首先是人的时候，你的第一个想法就是要把他们当作人，当作寻求幸福的个体，他们拥有自己的问题和才华，拥有自己的激情和恐惧。杰出的结果和生产力是你把员工当作人来照顾的结果。

真正关心产生的情绪影响

> 公司里的每个人都认为自己是其中的一分子吗？如果他们不这样认为，我该如何做才能让他们改变想法呢？如果我能俘获公司里每个人的心和灵魂，我就拥有了一家杰出的公司。这就是我的目标。
>
> ——拉里·博西迪
> 1991—1999年担任霍尼韦尔的CEO

在本章中，我们已经讨论了领导者与公司员工关系的情绪影响。正如设定愿景一样，当你发自内心地关心并照顾员工时，你会唤醒团队成员身上的一系列非常强烈的情绪和心态，这有助于提高个人和团队的绩效。在本章结束的时候，我想简要地对几种情绪进行更集中的审视。

在关心和照顾团队成员时，你要给他们灌输的第一种情绪就是归属感和自豪感。盛世长城的罗伯茨曾评论过这一点对于实现结果的重要性："我意识到，一家公司如果能像一个团队一样运作并且让人感觉像一个大家庭的话，就会比其他组织更快获得成功。"想要成为团队的一部分是人的天性，领导者要学会利用这一点。在一家公司必须建立的众多同心圆里，建立团队归属感仅仅是第一个。团队与员工构成了整个公司，除此之外，你还要与经销商和顾客建立一个完整的生态系统。如果你能够建立一支坚固、自豪的团队，你就能把这种力量传递到其他利益相关方身上，换句话说，为团队中的所有人创造一种归属感。一个非常典型的例子就是苹果公司，不管是经销商还是顾客，所有人都为自己属于这个用高科技改变世界的圈子而自豪。一旦领导者创造了这样一种团队意识，他就会让身边的人觉得自己很有用而且很重要。他必须让组织内外的每一个成员都觉得自豪，因为他们是公司迈向成功不可或缺的一部分。

当你建立了最优秀的团队去追求梦想并且取得了卓越成就时，团队里的每个成员都会觉得自豪。这是因为他们意识到自己成了某个比个体更伟大的东西的一部分，所以你必须提醒他们这一点。此外，通过探索和挖掘团队成员的才华，让这些天赋发挥作用，确保员工每天都做自己最擅长的事情，这样领导者不仅培养了个人自豪感和组织自豪感，还帮助员工认清自己的才华、工作和生活与组织的愿景是相一致的，从而培养其归属感。这就是对大教堂中每一块儿石头价值的评估。

但是，当你关心和照顾员工时，除了自豪感和团队归属感，你还能利用更多的情绪。当你让每个人都觉得自己是组织中非常重要的一部分时，他们也会感受到自尊。当你意识到员工的努力、提高和成就时，当你向他们展示出他们对自身和他们正在跟进的项目很有价值时，你就会产生自豪感、自尊、自信和参与感。当你把员工当作人，提醒他们可以从错误中获得提升，吸取教训，并告诉他们该怎么做时，你就培养了这种自尊和自信。当你所做的一切都是为了帮助每一个员工成长和发展时，当你向员工展示出他们有自己的梦想时，他们必须探索自己改变现实的方式——成为领导者而非只是追随者，你就给予了他们一种带有自尊和自信的目标感。当你让员工超越自己的界限和舒适区并努力发挥出最好的水平时，你的团队成员就会产生自豪感和参与感。与此同时，这对你来说也是一种莫大的享受和快乐。当你持续提醒他们坚持按计划完成工作并实现想要的结果时，当你不断地告诉他们每个人的参与是多么重要时，你就是在为团队和事业创造一种真正的参与感和奉献精神。最后，作为团队的一部分，你要真正关心员工，创造信任，正如我们将在第六章看到的，这是促进工作协作的最重要的心态之一。

因此，领导者的角色就是通过上述具体的动作和行为来培养无数的积极情绪。保持情绪上的敏感和明智是一件很重要且有挑战性的事情。回想本章我们已经讨论了公司价值观、领导者如何对待员工以及这种对待产生的情绪影响，因为从这个意义层面上说，价值观是领导力的核心，所以我认为道德和领导力彼此相互联系。因为，人是商业的核心，领导者必须关心和照顾他们。从本质上讲，领导力是一项道德和伦理事业——领导者如何对待或者关心他人，这展示出的是其道德或伦理立场。这对领导者来说是一个巨大的责任，但一个人如果想获得成功，就必须承认并接受这一点。

为了检验你是否已经适应了这一角色，即一切都与人有关，你可以问自己如下问题：

我是否真正关心自己组织中的员工？我是否尽我所能去关心他们？

第五章

第三个角色：沟通

领导者必须能够成功地进行沟通。

——杰克·韦尔奇

▲ 领导力

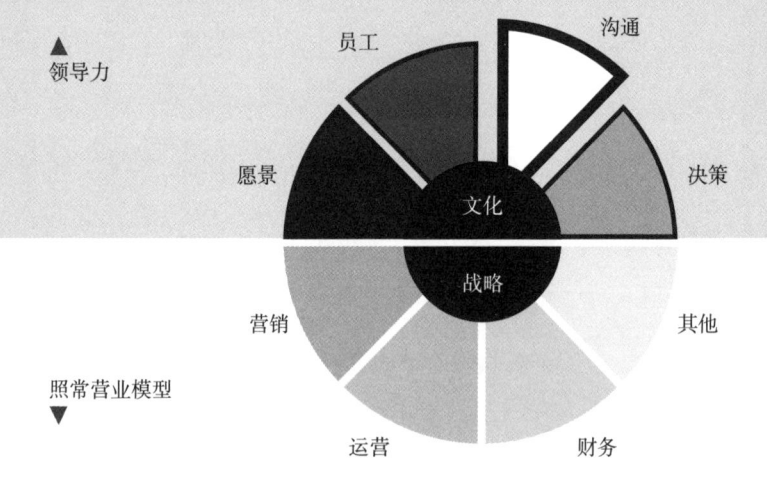

员工　沟通

愿景　　决策

文化

战略

营销　　其他

▼ 照常营业模型

运营　财务

沟通的情绪影响：连接和信任

  韦尔奇说的表面上看起来很简单，实则不然，对此托尼·布莱尔说得很清楚，这样做的风险非常大："如果你无法正确地与人沟通，那么游戏就结束了……在当今世界，你必须能够清楚、简洁地与人交流。"赫布·凯莱赫对这个问题的总结更加清晰和简单，但也掩盖了这个问题的重要性：

> 沟通，沟通，沟通，再沟通。

  为什么凯莱赫要把这个词重复4遍呢？难道1遍还不够吗？

他也说过"做账单，做账单，做账单，再做账单"吗？他之所以一再重复"沟通"这个词，是因为单独一个词不足以传递出这个观点的重要性及其对成功领导力的重要性。

沟通有两种基本的影响。一方面，沟通传达了照常营业模型中包含的活动需要的信息。通过恰当的沟通，你向组织中的每个成员传达了目标并提供了相关信息，让他们能够做出恰当的决策，高效地完成工作。另一方面，沟通是一种领导力工具，能够加强团队建设，在团队成员之间建立一种真正的联系。它能够建立一种每个团队要想实现最佳状态所需的纽带，因为有效沟通会建立信任和与归属感相关的自豪感，从而创造一种积极的心态。

虽然这一章还是会涉及沟通对照常营业模型的影响，但我主要关注的还是第二种影响，也就是沟通与领导力之间的关系。这是因为，从首席情绪官的领导力角度来说，沟通主要有两个关键方面。第一，沟通在帮助领导者传递自己的各个角色时起着决定性作用。也就是说，它能确保每个人认识自己的愿景、对别人的关怀、自己的组织价值观以及随之而来的必要行为和自我决策系统。第二，沟通本身也能产生很大影响：建立连接并由此产生信任。你如果能够实现充分沟通，并且始终如一地坚持自己的想法和感受，那么你就能与你的团队建立必要的纽带和连接，从而建立信任，这就是沟通的最终目标和特有的情绪。

▶ 沟通的三个层面 ◀

为了实现这一切，你需要进行有效的沟通。为了确保你交流的所有事情都能达到最大效果，你需要理解并调动三个层面的沟通，每个层面都包括输出（你向别人传达的东西）和输入（你从别人那里得到的东西）。

第一个层面的沟通与观点和信息有关。这个维度与前面提到的第一种影响紧密相连，也就是传递日常工作过程中的信息，包括各种谈话以及公文写作，这主要用来分享观点和信息。这就是"输出"的概念。此外，还有"输入"的概念。是的，这意味着你必须还要学会倾听。倾听并思考他人的观点，这和谈论你的观点并与人沟通一样重要。领导者经常会忽略这一点，所以我们后面会再详细阐述。

第二个层面的沟通是指情绪的输入和输出，我们分别称之为"同理心"和"鼓舞"。"鼓舞"是指情绪的输出，我的情绪就是鼓舞的源泉。如果我鼓舞了某人，我就在他身上创造了一种情绪。也就是说，当我把自己的情绪和激情传递给团队成员并在他们身上唤起同样的反应时，我就是一个鼓舞人心的领导者。"同理心"是指情绪的输入。当我能够理解其他人的情绪时，我就是在锻炼同理心。换句话说，如果我是有同理心的，那么我就能够察觉团队成员的情绪以及他人的感受。很明显，鼓舞和同理心会产生一种互惠感，它们会将我和我的团队更紧密地联系在一起，因此在建立连接以及建立信任的过程中，这是至关重要的一步。

第三个层面的沟通与具体行为有关，涉及你实际做了什么以及团队中的其他人做了什么。就输出而言，它要求你言行一致，践行你平常说的话，兑现你的承诺。人们很快就能分辨清楚你有没有遵守承诺。这也就是为什么看着别人的眼睛，使用某种肢体语言来确认你用语言表达的东西会这么重要。你的肢体语言和动作会确认或者否认你说的话。同理，就输入而言，你也要明白和解读别人用肢体语言和动作表达的内涵，因为这些会帮助你理解别人内心的真实动机或意图。针对别人的想法、言论和感受之间一致性的最终测试实际上是他们做了什么以及他们是怎样做的。

你如果想实现有效沟通，就必须同时满足上述三个层面，同时输入和输出你的想法和情绪，并让包括自己在内的每个人都言行一致。通过这种方式，你就能与员工建立一种真诚且深刻的联系，这绝对是实现沟通、建立信任这一最终目标的基本步骤。

换句话说，你如果想要有效地沟通并实现建立信任的最终目标，首先就必须沟通所有照常营业模型中的信息。其次，你必须沟通其他角色的所有事情。最后，你要沟通自己真正的感受，能够对团队成员的想法感同身受，只有这样才能鼓舞下属。你要确保自己能通过肢体语言和动作实现这一点，只有这样，通过上述行动你才能与团队建立联系并随之建立信任。

▶ 颗粒模型 ◀

各个事物之间的联系是我们存在的原因，它赋予我们生活的目标和意义。我们知道的是，从神经生物学上讲，联系以及感知联系的能力就是我们存在的原因。[1]

——布勒内·布朗
休斯敦大学社会工作研究生院研究教授、作家

做一个友善的人，学会如何倾听，如何与人连接，这绝对是一个领导者的基本要求。

——卡洛斯·戈恩
雷诺日产董事长兼 CEO

当我把沟通作为建立信任的主要目标时，我设想了人们每天要与周围人沟通的上千件小事。这就是沟通的本质，它总是一刻不停地发生在生活的每次互动中。

自然界中有一个非常好的例子——蚂蚁。蚂蚁有很多条路径进出蚁穴，当一只蚂蚁与另一只蚂蚁相遇时，它们会用自己的触角触摸对方，闻一下对方的气味。如果没有某种沟通形式的话，两只蚂蚁可能永远都无法相遇。但在它们相遇的那段时间里，它们究竟在互相交流什么呢？研究表明，这些小型会谈能让蚂蚁知

道早晨出去寻找食物的蚂蚁是在哪里发现了食物,发现了什么食物,以及在那个地区有什么危险。

我们可以很容易地把这个例子应用到每天的生活中。在个人层面,为了让我能够像蚂蚁一样高效、有意义地与同事会谈并且交换信息,我有必要知道与同事每天会谈所涉及的所有方面。这些接触点就是构成联系的机会,有助于建立信任并且传递关键信息和情绪,反过来这也会让人们工作起来更有效率。

此外,沟通还有助于传承公司文化的基因。正如我之前说的,沟通不仅关系到传递照常营业模型中的各种信息,还能够传播激情、渴望及自豪,这些会产生对社区的归属感,所以这一点非常重要。沟通会将公司中的每个个体联系起来,这样他们才会相互信任对方,朝着共同的愿景努力。

▶ 建立信任 ◀

这么多年来,我领导过各种公司,我学到的最有价值的东西就是,公司的当务之急是建立信任。无论你管的是一个小部门,一个大部门,一家公司,还是一支童子军,你要做的第一件事就是信任团队成员。大多数领导者都同意这一点,但很少有人真正去这样做。[2]

——吉姆·多尔蒂
麻省理工学院斯隆管理学院高级讲师

领导力的最终目的是激发信任。这需要阐明目的，然后重新组织系统、结构和过程，以达到这一目的。

——史蒂芬·柯维

任何沟通都会产生情绪影响，激发归属感、目标感和自豪感等情绪。但当你利用之前谈到的三个层面——信息、情绪和行为——去加强沟通时，你要唤醒的最重要的情绪就是信任。激发信任应该是所有领导者的首要任务，而要想做到这一点只有通过沟通的方式。

▶ 信任是真诚联系的象征 ◀

联系和信任是同一个现象的两个方面。信任也是一种情绪，是建立联系后产生的结果。我们被信任的纽带联系在一起。

所以，信任是一种非常重要的因素，它能够将整个团队凝聚在一起，并顺利完成共享的任务。社会学家和学者已经就信任这个话题进行了大量的研究，认为信任是社会资本的重要组成部分，因为它会让合作更容易。信任会让我们的行为变得友好，态度变得友善，从而催生合作。如果我们信任彼此，我们就会表现得像朋友一样，在工作中相互帮助，以实现共同的目标。

这种价值观在组织中同样重要。从定义上来说，所有组织都拥有多种多样的成员，他们负责执行不同的任务。组织为每个人定义不同的任务和时间框架，并将所有这些活动阐明为组织的大目标，也就是产品或服务。但这些任务必须得到协调，只有这样组织才能在现有资源条件下快速且高效地取得最终结果。如果这些流程设计精准，所有的任务都得到很好的分配，在理论上来说，这就为一家坚实的公司奠定了基础。事实上，管理就是最准确地设计和定义这些工作，并且确保所有成员都严格执行预先设定好的程序。

信任是一种虽然看不见但非常重要的黏合剂，能让组织完成需要合作的无数任务。光是准确定义和安排任务无法实现协调和合作，只有员工彼此足够信任，你才能处理好工作的中间阶段。员工需要相信，如果我要求你这样做，那么这件事就会成功。信任是一种看不见的联系，能让员工持续地调整他们和组织其他成员的工作。

我们都见过建筑工人是怎么接力搬砖的，一个人接一个人形成一道人形链条，这样会让工作变得更容易，减少工作强度。同理，两个人之间所有的任务和互动也是这样的。这是一种传递信息的方式，他把消息提供给下一个人，同时下一个人也愿意接收它。这就是信任：知道链条中的下一个环节的人愿意接住我扔过去的所有东西，即使我没有扔对。这就是为什么信任会建立联系，提高个人以及团队的绩效。

我在布宜诺斯艾利斯准备一场重要活动时，有幸与曼努埃尔·康特波米进行过一次长谈，他是一位非常成功的橄榄球运动员，曾效力于著名的阿根廷国家队美洲狮队，该队在2007年橄榄球世界杯上拿到第三名。在这次会谈中，曼努埃尔告诉我在传球时信任的重要性，他说："我和费利佩是双胞胎。"我对他的回答很好奇，问道："那你的双胞胎兄弟要怎样做才能确保接好球？"曼努埃尔解释说，每次传球都存在一丝延迟的可能性，比如对方球员可能会来拦截他，这对接球的球员来说非常致命。但是，在与费利佩一起踢球时，曼努埃尔发自内心地信任他。教练的职责就是在所有球员心中都培养出这种信任，就像曼努埃尔兄弟一样。据曼努埃尔所说，这种信任是让美洲狮队成为一支伟大球队的根本原因。曼努埃尔也加盟过其他球队，在这些球队里争论、嫉妒和矛盾让所有球员无法相互信任，但在美洲狮队，信任就像看不见的黏合剂，将所有队员的行动整合在一起，极大地提高了球队的整体效率。"领导者通过建立信任会释放惊人的潜能。"畅销书作家、心理学家、瑞士洛桑国际管理发展学院领导力和组织行为学教授乔治·科尔里瑟这样说。

你可能会觉得这一点在办公室里不适用吗？你认为，没有信任，员工会提出倡议、建议和要求，或者积极参与寻找新方案和新方法吗？他们能够完成任务并且提高生产率吗？不会。没有信任，人们会窝在自己的工位上"照章办事"，甚至比这个还糟糕。

▶ 提升信任或者降低绩效 ◀

在组织中建立信任能提升绩效，因为这能让我们的大脑专注于眼前的任务。我们的大脑总是一刻不停地评估周围的环境，识别潜在的风险。产生信任意味着我不必再对某些人做出评估，而是可以简单地假定他们是没有危害的。信任能让你一劳永逸地做出决定，让你觉得周围的人不会对你造成危害，实际上他们还会做对你有益的事情，至少是朝着共同的目标努力。这会让你的大脑专注于眼前的任务，这也就是为什么信任会提升绩效。如果没有信任，我们就要一直评估周围人的行动是否会对你造成危害，结果就是这会让我们偏离工作目标。

如果完全缺乏信任就会产生妄想症。想象一下，如果你周围的同事都是妄想狂，总是担心有人要害他，或者有人要在背后捅他刀子。再试想一下，假设你正在跟30个人开大型会议，讨论一个新的商业机会，而你确信其中有10个人想要杀了你，这会是一种什么状况。你的大脑会专注于每个人的一举一动，哪怕他们做出一丝可疑的举动都可能让你吓得跳起来。你关注的重点是生存，是确认所有潜在的风险，所以你要一直做出决定，确认对方的举动到底是掏出武器,还是把手伸到后背挠痒痒。可以想象在这种情况下,即使完成一个简单的任务也会很费劲。你觉得在这种情况下开完一场会,你会收获很多关于商业机会的信息吗?当然不会。你的大脑没有这么多精力。信任是一种看不见的黏合剂,也是一种结果,能够鼓舞我们与团队成员流畅、坦率且有效地沟通。

正如圆桌咨询公司总裁帕特里克·兰西奥尼在2009年洛克菲勒中心的一场会议上所说的:

> 我们真正要做到的,首先是确保高管之间彼此信任,只有这样他们才能相互理解,也能够友好地争论……但我们最重视的是信任。他们怎么才能相互信任,才会把自己的弱点暴露给对方?他们能否承认自己的错误,然后寻求帮助?谦逊、弱点和信任……没有信任和冲突,你就不可能做出人们想要的决定,也不可能让人们觉得有责任感。

这也解释了为什么叛国罪会被判死刑。我已经把你当作我的朋友了,但你突然从背后捅了我刀子。想象一下这个场景,在战场上,你之所以把后背交给战友,是因为你信任他,他却背叛了你。

现在，在看了这种不信任和恐惧的环境后，我们再来看一下建立信任的训练，这通常会用在培训练习中。一个员工必须闭上自己的双眼，然后向后倒去，他要相信他的同事会在后面接住他。想象一下，如果一个办公室拥有信任感会怎么样，工作会进行得多么顺畅。你会对同事，对他们完成任务的能力，对自己与他们的关系以及你在组织中的独特角色有深深的信任感，在这种情况下，工作会进行得非常顺畅，几乎不用费什么劲儿。通过信任运行的组织更加高效，这不只是因为其职能系统运行得更加自如，还是因为人们是快乐和自信的。

公开沟通和思想自由流动

这与沟通有关，这与诚实有关，要把组织中的成员当作有资格知道事实的人。你不要试图让他们知道一半的故事，或者隐藏故事，你要平等地对待他们，要一直交流、交流、再交流。[3]

——郭士纳
IBM 前 CEO

建立信任和提升绩效的一种方法就是鼓励公开交流，不要阻碍信息的流动。有一句话是这样说的：谁掌握了信息谁就掌握了权力，但如今不是这样了。在今天，信息有数千种流动渠道，特别是在社交媒体上，这让它极难被控制。正式的、受控制的过程只是团队交流的一小部分。我们今天生活的商业世界与过去相比已经发生了翻天覆地的变化，在过去，一些无所不知的工程师会定义过程，然后专横的管理层会控制人们，确保他们"做了自己必须做的事情"。现在，信息再也不是只属于组织中的最高层，而是分布在整个商业结构中。

一个真正的领导者必须建立一种沟通政策，在组织各级员工中推动三个层面的沟通。沟通不仅发生在我和团队之间，或者管理层和员工之间，它每时每刻都在发生在所有人之间。你如果正在建立信任，可以直接绕过命令链在组织的各个层级中寻找你需要的信息。比尔·科纳蒂在回忆自己在通用电气的经历时说过：

> 如果你想马上知道一个问题的答案，而且能够最快回答这个问题的人在组织里比你低三级，作为管理者，你要直接找到这个人，然后问他这个问题，并且在这个过程里没有人会因为越过了控制和命令的链条而大惊小怪。在通用电气，人们习惯了这种方式，以前公司里没有这种沟通方式，因为那时等级制度占据主导地位。

▶ 信息公开流动是目标 ◀

信息公开流动——不管是自上而下还是自下而上都不受限制——是一种真正的竞争优势。信息把所有事情都放到具体的语境中，让组织中不同部门的人更好地理解接下来会发生什么，从而使我们做出更好的决策。如果我们考虑这一点，那么"无知是福"的古老观点以及"如果我不知道周围发生了什么会更好，因为这样我不用负责任"的观点就完全不成立了。后一种观点假设我只需要负责一系列严格的任务，这些任务提前由一些开明的人设定，他们以某种方式确切地知道了公司的需求。然而，这种模式是不现实的。在我们生活的这个时代，变化总是在迅速发生。变化的频率意味着所有人都要知道外界实际发生的事情，因为这个领域随时在改变。我们总是需要新的方法来规划和协调任务以取得结果，因此所有员工都必参与这样一个永久的过程，在这个过程里他们要使自己的任务与新的环境以及公司的运营相适应。而且，我们必须反复解读这种现实，知道客户想要什么，思考如何重新规划自己的价值定位。服务不是设定一次就够了，而是需要每天构建一次。这些责任不与任何特定的职位描述相匹配，每个人都要参与其中。在价值链条中，每个人都必须做出贡献。所以，为了持续地重新设定程序、产品和服务，领导者必须鼓励参与过程的所有人持续沟通，告诉每个人如何持续调整任务，就像建筑工人接力搬砖一样，要时刻注意其他人的动作，然后通过微调进行配合。

此外，如果每个人都知道组织接下来会怎么样，他们就不会那么焦虑，行动起来就会更有自信。知道组织接下来如何发展能帮助你了解完成每项任务的背景，能让人们更容易专注于手头的任务。最后，我坚信，在整个组织中公开沟通能在所有团队成员之间建立深层联系和信任，并让必要的硬信息自由流动，这样每个人工作起来都会更有效率，也会做出更优的商业决策。

那么，我们该如何做才能在所有团队成员之间培养出开放和更加非正式的沟通呢？

▶ 非正式沟通的开放舞台 ◀

要想创造出更多非正式的接触点以及更加开放的交流信息和想法的途径，你可以尝试这几种方式：舒适的自助餐厅、午饭时间的两分钟会议、企业大学、开放政策或者庆祝仪式。下面让我们快速看一下。

公司的自助餐厅是一个交流非正式信息的好地方。每个人都可以谈论他们感兴趣的话题，不论内容多琐碎，其他人可以自主选择是否倾听或参与互动。这就是非正式沟通的最大好处：没有"老大哥"决定每个人在什么时候该说什么或不该说什么，或者每个人该听什么或不该听什么。乔布斯就深知这一点，所以当他从头开始设计皮克斯办公室的时候，他把自助餐厅和浴室放在了公司大楼的中心，就是为了增加员工偶遇和沟通的机会。在这些场所中发生的对话能帮助员工建立信任和联系。

另一个重视餐厅作用的高管是百威英博的CEO薄睿拓，他把餐厅当作沟通的舞台。他经常在公司餐厅吃饭，这样他就能够进行多次非正式的"两分钟会议"。他的这种策略让我想起了蚂蚁在返回蚁穴时与其他蚂蚁进行的多次小型沟通。

皮克斯大学是另外一个鼓励开放和非正式沟通的例子。在皮克斯的员工每个月都要在公司学校里学习不同的课程，而且他们学习的内容要与自己的工作内容不一样。比如，一个会计师可以学习电影或设计历史，而一个设计师可以学习心理学或烹饪。这主要是为了实现两个目标：一方面，这能增加员工在专业之外的知识深度，给他们提供一个不同的语境和窗口，并从整体上认识公司；另一方面，这能鼓励公司的外围员工，比如让会计师和设计师，相互讨论和交流想法。

还有更极端的例子。大多数公司都是按照传统模式来运营的，也就是用高管助理、紧闭的大门和日历日程来组织和管理人们彼此之间要说的话。其他公司，比如Tarjeta Naranja（橙卡），它是阿根廷最大、利润最高的非银行信用卡发行商，这家公司就实行门户开放政策。这是不是让你很吃惊？既然每个人的想法都得到同样的尊重，那么任何员工都可以在任何时候走进领导办公室，自由地表达自己的想法。

而且，如果领导办公室的门"开着"或者"关着"都对团队有着巨大影响的话，想象一下领导根本没有办公室的后果。哥伦比亚巴兰基亚市的前市长亚历杭德罗·查尔曾连续好几个月没进过办公室，他在城市里行走，与人们聊天，一旦他发现了存在的问题，就会打电话联系他的团队成员，并请他们到咖啡馆或者直接在街头讨论解决方案。还有网飞的CEO里德·哈斯廷斯，他非常遵循汤姆·彼得斯和罗伯特·沃特曼在1982年出版的畅销书《追求卓越》里的建议，也就是要"通过四处走动进行管理"。他不想坐在办公室，而是把大量的时间花在与员工的交流中。薄睿拓也没有办公室，但他有一个很大的房间，房间里有一张大会议桌用来谈话，然后还有自助餐厅。

某些事情即使看起来非常简单，比如庆祝，也可以被视为一个非正式、开放的沟通舞台。庆祝一家公司的里程碑事件不是一个奇思妙想或者无关紧要的活动，实际上是一种极其重要的表彰形式。庆祝仪式能够交流成就，赞美团队共同完成了这件事。在庆祝时，你会说："我们一起做了这件事，作为团队我们成功了，你们都很棒。"这样你便培养了我们前面讨论过的无数积极情绪：目标感、归属感、信任感和自豪感。庆祝活动包含丰富的情感内容，能够在团队中产生深层联系，所以不要忽视它们。

从多维度培养沟通

> 要成为领导者必须学会沟通，你可以通过多种方式进行沟通……我沟通的方式正确吗？当然正确，因为你是发自内心地做这件事。
>
> ——鲁迪·朱利安尼

沟通对于建立个人之间的联系十分重要，我们需要探索一下不同的沟通模式，以及这些沟通模式为什么在产生结果的联系方面这么有效率。

沟通不是人力资源部门每月发布一次的新闻通讯，而是包括了在组织内传递的所有信息，以及在整个团队中形成的情感联系。就这种关注而言，要想实现真正的沟通，我们要做的第一件事就是知道我们是如何沟通的。这听起来可能很容易，但就我所知，很少有高管知道如何沟通。

▶ 论对话的重要性 ◀

对话可能是最明显、最有效的沟通方式，它是一种非常重要的建立联系的方式。事实上，每次对话都会帮助建立联系。这是如何实现的呢？正如德国本笃会神父、明斯特史瓦扎赫修道院酿酒师、咨询师、作家安塞姆·格伦所说："我每次开口说话，讨论的都是我自己。"刚听到这句话时,你可能会觉得他有些夸大其词,但再仔细思考一下,假设你正坐在时代广场中央,你说:"这些彩色的广告牌真是又大又好看。"你可能会觉得你所说的只是描述现实,但现实是如此丰富,而你选择强调的现实恰恰反映了你自己的兴趣以及你看待世界的方式。在时代广场中央,你也可以说"多么美妙的建筑,我喜欢这座摩天大楼。"或者"走在街上,看到来自世界各地的人们聚集到这里,用各种语言进行交谈,这真有意思。"又或者"如果我想把自己的产品或服务放在这里打广告,要花多少钱呢?"你决定交谈的信息能让我知道你是个什么样的人。事实上,不管在什么时候,谈论的都只是我自己,所以谈话是一种非常重要的方式,它能够向别人传递出你是个什么样的人。通过这些,我们能够彼此认识,最终判断出我们是朋友还是敌人,我们能否相互信任,以及我们是否在共同努力以实现共同的目标。通过对话,我们试图建立信任,测试关系纽带的强度并建立联系。

我们的对话方式取决于不同的语境,这和我们通过对话建立的联系一样多。作为领导者,你不仅需要知道在当前环境中最合适的对话方式是什么,也要知道哪种对话方式最有效,最能够激发积极情绪并帮助你实现想要的结果。因此,我们有必要探讨一下不同的对话方式。

▶ 不同的对话方式 ◀

欧洲工商管理学院著名的领导力发展和组织变革教授曼弗雷德·凯茨·德·弗里斯曾问过这样一个问题：是否有这样一种文化，可以让人们进行创意对话。为什么这么问呢？因为，没有创意的对话，人们就不会学到新东西。事实上，创意对话的目的是探索和学习。当公司需要一种看待事物的全新方式时，这一方法最常被推荐使用，因为创意对话能够以新奇的方式确认问题或机遇，并最终解决它们。正因如此，它们成为一种关键的竞争优势，因为它们会调动你回应变革。而且，创意对话还能用来衡量你之前已经建立的信任程度，为了参与，团队成员就不能畏惧说自己的想法，虽然这些想法最终可能被抛弃。正如薄睿拓所说："信任能让人们没有顾虑地在公开场合畅所欲言。"

这显示出了所有成功对话的一个重要特征——坦率，这是一种公开和诚实的品质。坦率意味着用最清晰、最直接的方式说出你的心中所想，也就是你所看到的真相。有人可能会说，这样可能会有让别人不舒服或者造成冲突，但我认为坦率实际上有助于最大限度地减少冲突，因为它暴露了分歧，并鼓励大家迈出解决冲突的第一步。当我所说即我所见时，我就是透明坦率的，这能让我建立信任，毕竟这是衡量一方对另一方是否诚实的标准。这就是为什么对领导者来说在对话时变得坦率会这么重要。如果你通过坦率建立信任，它将会提升个人和组织的绩效。杰克·韦尔奇的经历证实了这一点。当他执掌通用电气时，作为公司所有关系的基础，他倡导的价值观之一就是坦率，我们都知道他成功了。他有一次对我说：

> 现在人们对领导力发展的关注变少了，我觉得原因就在于该死的计算机……人们每天要面对铺天盖地的邮件，严重缺少面对面的沟通，但人们仍需要更多这种真实的对话。

为了产生更多真实的对话，韦尔奇表明了坦率的必要性，特别是在领导者的发展中，但他也强调了在建立信任对话过程中面对面互动的重要性。众所周知，坐在屏幕后面聊天与面对面坐在一起热烈地交流是完全不一样的，电子邮件不像面对面聊天那样能让我们看见肢体语言和交流情感。我们都遇到过电子邮件引发冲突的案例，这就是因为收件人误解了对方的态度或者文字语境，而这一点不太可能发生在面对面谈话中。电子邮件除了会产生更大的误解，还会让人们躲藏在屏幕后面，进一步削弱信任。当你对着屏幕时，没人能看到你的反应，而且你可以随意编辑或者删除自己发送的内容。作为对比，当你与同事面对面聊天时，你就很难完全控制你的肢体语言，而且你别无选择，只能快速并坦率地做出回应，否则犹豫不决和磕磕绊绊的回复只会加深不信任。作为领导者，不要因为害羞或者缺乏勇气而逃避面对面互动。

但是，如果坦率的面对面谈话变得过于激烈，会发生什么呢？如果坦率失效了，沟通被人们之间的冲突破坏，会发生什么呢？作为领导者，你必须做好能够管理或者引导艰难对话的准备。

《关键对话》的作者约瑟夫·格雷尼曾说过，当我们身处一场复杂或者困难的对话时，我们必须同时做几件事情。首先，我们必须把自己的情绪放到一边。正如我们之前讨论的，情绪会影响我们的判断，让我们无法清晰地思考。通常情况下，情绪会战胜我们，强迫我们关注造成情绪问题的根源，而非关注眼前的问题并寻求解决之道。其次，在将情绪放到一边后，我们必须通过认同对方目标的方式促进合作，并且表明我们希望实现一个中立和共同的目标。最终，我们应该设计一个高质量的故事，不责备任何外部的团体。关于恶棍或者受害者的故事只会起到反作用。与其责备，我们不如发自内心地理解对方，然后将他的需求融入你的故事，从而建立一种新的理解和合作的愿景。虽然故事在某些人看来可能非常幼稚且没必要，但它值得我们这么做，因为它真的很重要。

▶ 故事的力量 ◀

我觉得思考文化的最佳方式就是组织的心态，人们如何思考，然后驱动行为。这种心态是以故事的方式存在的，这是认知科学的理论……领导者需要创造一个故事并且相信这个故事。

——**查尔斯·雅各布斯**
《重塑管理》作者

在领导者的工具箱里，故事是最有威力的工具。

——**霍华德·加德纳**
《智能的结构》作者

故事在解决冲突中扮演着重要角色，这阐明了故事作为一种沟通方式的巨大威力。迄今为止，我做过的最有意思的采访之一就是采访好莱坞编剧的圣经《故事》的作者罗伯特·麦基，他坚称故事是最有效的沟通方式。为什么？因为讲故事是人类沟通的本能方式，它遗传自我们的祖先。作为人类，我们都是故事的讲述者，也是故事的倾听者。自从石器时代以来，故事在我们人类的发展中扮演了重要角色，有了它我们才能把带有相应情感内容的信息从一个人传递到另一个人，从一代人传递到下一代人。

这个想法抓住了讲故事最有威力的两个特点。首先，它能让我们选择并传播数据、事实、想法和信息。其次，它能够唤醒和产生情绪。在讲故事时，我不仅是在沟通信息，也在传递和产生情绪。听众一开始是用心在听，随后则是用大脑在听。

这就是为什么与"理性"相比故事更具影响力，罗伯特将此称为"PPT（演示文稿）式"的影响方法。但是，该方法依赖理性论证和演绎（既然a、b、c是这个意思，那么结果就是这样），而故事同时包含理性和非理性或者情感。故事提供信息，但更重要的是，它能够唤醒积极情绪并产生同理心。正因为如此，它为人们提供了更多动力去行动并实现结果。麦基总结道：

> 我指导过许多投资者进行首次公开募股的演讲。当企业家从归纳性的言辞转向故事性的推销时，钱就像水龙头里的水一样哗哗地流过来。

这就是故事在情感方面的影响，它最终促成了交易。

这是如何实现的？故事通过其本身的结构实现了信息的情感传递。事实上，正是故事的结构有助于引发情感。一个传统的故事必定有开头、发展和结局。传统的开头会说明主角和他的目标或者"戏剧性的需求"，如"很久很久以前，这里有一个人……直到有一天……"到此时，主角就会开始自己解决问题，或者开启探寻目标之旅。在剧情发展的过程中，我们不知道这个人最终能否实现自己的目标，不知道他能否存活下来，不知道他爱的人会不会回馈他的爱意。在结局到来之前，我们都不知道这些问题的答案。

通过故事，听众可能会获得关于戏剧事件的关键信息，但更重要的是，他有机会能够感知主角和他的挣扎并且与他感同身受。我们能够感知主角对实现目标的渴望，当他离目标越来越远时产生的绝望，赢得一场小胜利的快乐，还有大结局时的幸福或者不幸。

在公司，故事的作用机制也是类似的。在《讲故事的七条规则》这本书里，约翰·萨多夫斯基声称讲故事是一种强有力的领导力工具。[4] 故事能让你明确地表达和沟通自己的宗旨和目标、公司的愿景和身份，以及英雄和榜样行为的例子。事实上，创造和维持一个社区的最有力的工具之一就是讲故事。"故事能把团队凝聚到一起，会赋予团队愿景、意义和目标。故事不仅给予他们一种归属感，也给他们一种可能性。故事提供语境，让人们觉得他们属于一种更庞大的体验的一部分。"萨多夫斯基说。这意味着，讲故事解释了社区是如何形成和成长的。事实上，领导者能做的最重要的事情就是创造一个故事，将你的过去、你的身份与未来联系起来："很久以前，有个公司梦想着发展壮大，成为行业领先者……"

霍华德·加德纳对此表示认同："领导力包括创造强有力的叙事，这些叙事远远超过了使命宣言或者信息。它们其实是拥有目标和障碍的故事，其中会发生好事也会发生坏事，与公司同呼吸共命运的人最终会变得更好。"[5]

故事对一流公司领导力如此重要,还有一个更重要的原因是,故事也会产生必要的情绪,这些情绪随后会实现愿景、目的和目标。通过创造故事,你不仅传达了组织的历史、文化和梦想,还唤醒了推动人们实现最终目标的情绪。比如,CEO可以用故事中遭受重重磨炼和困境的主角去激励团队成员,让他们认同那些让组织变得更伟大的榜样,从而挺过困难时期或者实现高增长。或者,CEO可以讲述公司在过去遇到的风险,以此鼓舞现在的员工:"当我们的公司还很小,仅能勉强度日的时候,强大的竞争者总是攻击我们,但得益于员工英雄般的辛勤努力,我们最终挺过来了。"这就跟苹果公司或者维珍集团差不多,这些公司在早期挑战微软和英国航空这种强大的竞争对手时,就是创造出了一个反抗强大竞争对手并在夹缝中求生的故事,就像大卫对战歌利亚一样。

这些故事很明显对人们有很强的吸引力,所以你可以使用故事的力量。探寻你公司故事中的史诗价值,搜寻能代表公司价值观的趣闻,用这些瞬间去传达一种归属感和一条成功之路。正如之前讨论过的,给员工一种目标感和归属感,培养信任和联系,你将会提升个人和团队的绩效。故事是实现这一点的主要工具。

倾听

在这一章，从各种类型的对话到开放舞台和庆祝活动，我们已经看到多种培养沟通的不同方法。我已经解释了为什么所有这些活动不仅能够增加数据、信息和想法（在当下快速变化的世界中，它们对照常营业模型中的活动非常有用）的分享，更重要的是，它们也为组织中的个人创造多种相互联系的机会，加强并促进信任的建立以及随之产生的团队成员之间的纽带。

这就是为什么说沟通是一种强大的领导力工具，因为它最终能够建立信任，而信任对于合作以及提升个人和团队的绩效至关重要。总之，我认为重点强调一个我们还没有明确讨论过的对话和沟通的方面是至关重要的，尽管事实上它是我们在本章中讨论的所有沟通成功的基础。要想拥有一场有效的对话和沟通，就要学会倾听。倾听是非常关键的一个方面，它能让你明确自己的想法，以便有效沟通。你要交流的东西不是唯一重要的东西，其他人要交流的东西也同样重要。事实上，一个领导者做得最有效的事情就是倾听他的员工，因为倾听和理解是所有沟通方式的基础，不管是通过真实的对话、庆祝活动还是讲故事。

我们可以通过多个维度探索倾听的价值。首先，倾听能让你获得相关信息，包括特定主题的信息，或者更具体地说，还包括与你员工的内心和思想有关的信息。它能让你理解对方是谁，他在想什么，他的感受是什么。倾听能让你了解每个团队成员的顾虑和满意之处。当领导者提出问题，倾听团队的回答，并思考这些回答和观点时，他就是在利用交换的信息。

其次，领导者还要鼓励员工持续地学习，并表明他愿意改变自己的观点。科林·鲍威尔曾经告诉过我两件轶事足以证明这一点。他说他有一部电话，即使是他的私人秘书也不允许接听这部电话。只有大概10个人知道这个号码，他信任的这些人会直接打电话来告诉他周围其他人不会说的话，例如"昨晚在电视上，你说错话了"或者"我觉得你在做的事情是一个巨大的错误，我的邻居也这么觉得"。他身边也围绕着他所期望的人。

> 挑战我的人，与我争论的人，这可以一直延伸到最基层的人……当军官来向我汇报时，我就会要求他们与我争论。我需要军官这样对我说，"不，将军，你错了，这才是正确答案"。他应该拥有正确答案，因为这就是他的专长。我希望人们知无不言，而不是吞吞吐吐。

鲍威尔明显很重视倾听的作用，这是成为一个优秀领导者所必需的。

但是，这不意味着你总是按照别人的要求或者建议去做。正如我们将在下一章看到的，一个领导者必须自己做出决定。不过，单方面行动甚至一开始就不倾听对方做出决定，与感同身受并花时间倾听他人做出决定，两者产生的效果不一样，即使最后你说"我理解你的观点并且尊重这种观点，但我确信我们必须做些其他事情"，然后按照自己的意志采取行动。当人们觉得有人正在倾听他们的观点时，他们通常会更加支持对方的最终决定，即使这与他们自己的判断不一致。

学会倾听很难得，它也因此具有很大力量。它是真正沟通的基础，能够帮助你建立联系和信任。对领导者来说，倾听能让人熟悉所有类型的沟通，而在定义首席情绪官强大、高效的领导力时，沟通扮演了主要角色。

为了检验你是否正在利用这些方法加强沟通，你可以问自己如下问题：

你与员工的联系紧密吗？你让员工们产生信任了吗？

第六章

第四个角色：决策

我作为总裁的工作，可以用首席决策官来形容。

——比尔·克林顿

▲ 领导力

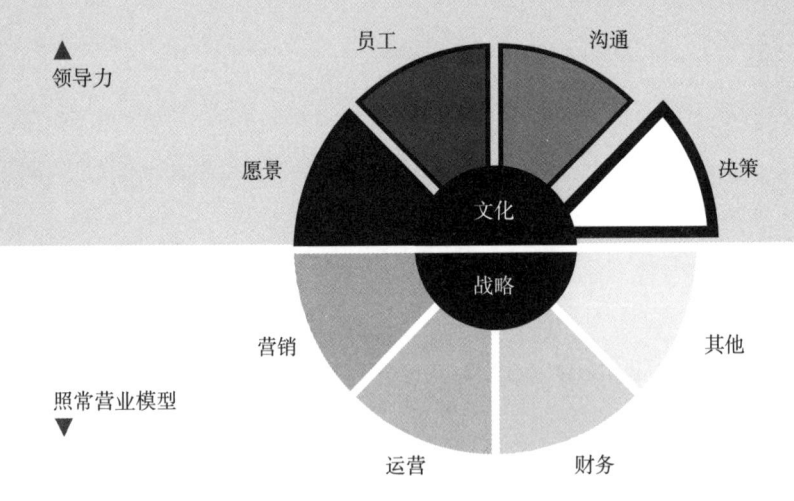

员工　沟通

愿景　　文化　决策

　　　　战略

营销　　　　其他

▼ 照常营业模型

运营　财务

我对克林顿总统说的话感到吃惊。为什么世界上最杰出的领导者之一会把决策作为他的主要工作，而与此同时，几乎所有现存的有关领导力的作品都没有涉及这一点？[1]比如，不管是2011年《哈佛商业评论》刊登的《领导力十大必读书目》，还是弗朗西斯·赫塞尔本和艾伦·施雷德编辑的两卷本《领导者对领导者：对领导力的持续洞察》（1999年和2008年）都没有相关文章明确关注决策制定。有关领导力的作品中缺少对决策的重视，这与现实是矛盾的，因为许多伟大的领导者，比如克林顿，都把做决策的能力视为履行职责的基本工具。他们做出决策，调动资源和努力实现目标，同时使团队成员受益，鼓励他们坚持目标，并让他们觉得有归属感。

虽然目前对这个主题的学术研究集中在与"信息"有关的决策上，但在本章里，我不打算强调"运筹学"或者任何其他信息管理科学。相反，我会重点突出在领导者的控制下各个维度的决策，以及这些决策会对每个团队成员和整个团队造成多么深远的影响。

如果我们仔细考虑决策涉及的各个方面，对领导者来说最相关的是：

- 管理信息（硬信息、软信息和有意识的信息）
- 创建一个强大的决策系统
- 在决策中管理情绪
- 管理无意识信息：直觉和判断
- 做出你的决定

我不会谈第一点，也就是硬信息或者管理硬信息的技术，因为与我们目前关注的领域相比，它与信息管理科学的联系更密切。我将关注其他 4 个方面，因为它们帮助我们理解情绪、文化和决策之间的关系，这对首席情绪官的成功领导至关重要。

决策系统的基本要素

决策总是与执行密切相关，因为在商业活动中，决策和分配一系列任务的过程必须受到监督，直到最终的行动得以实施，目标得以实现。因此，成功执行一项任务的第一步就是，制定我们将用来作为指导追求优先项和目标的标准。在这个过程中，这些标准就是让我们做出决策的维度。

▶ 定义决策的标准 ◀

一旦建立了一套优先级顺序，后人就会按照这一套顺序走。从逻辑上来讲，这就意味着当我选择了哪些标准会被优先应用时，我也就决定了哪些标准会被最后应用。这就是一家公司文化的价值观和战略行为变得非常重要的地方。

一个组织会确认并发扬一些价值观和战略行为，以此作为其制定决策的标准。也就是说，价值观和战略行为在任何公司都是制定决策的通用标准。事实上，如果我们仔细观察就会发现，公司的价值观和战略行为创造了一套决策标准体系。你在组织里培养的价值观和行为绝对是最基本的，因为它们对组织日常要做出的数千个小决策都有影响。事实上，如果审视公司的价值观和期望的战略行为，你就会很好地了解组织中的员工如何做决策。员工每天都会面临无数困境和选择，他们最终会依据这些价值观和行为做出决策。如果作为领导者你能清楚地了解这些价值观和行为，那么你组织里的每个人都会做出与它一致的决策，即使他们依据的是更详细的标准。

为了更好地理解价值观和战略行为在指导决策标准中的关键作用，我们需要记住，我在这本书的第四章中所做的关于这两个概念的区别。当我使用"价值观"这个术语时，我指的是我如何理解员工在我的优先列表中的位置以及我如何对待他们，而当我使用"行为"这个术语时，更多的是与业务有关。简而言之，价值观是指员工和员工之间的关系，而行为是指在商业背景下如何实际执行价值观。这二者是决策系统中的两端。"价值观"是你重视的东西，通过决策它变成了"行为"。比如，正如我们之前所说的，如果"诚实"是一种价值观，那么每次当我面对贿赂或者其他不诚实的选择时，我就会做出决定，让自己做正确的事情。

在 Zappos 的"家庭核心价值观"里，我们可以看到价值观和战略行为的区别，以及它与决策的关系。[2] 如果我把 Zappos 的 10 个观点按价值观和战略行为进行划分，就会像下面这样。

价值观：

1. 创造快乐和一点儿不可思议。

2. 敢于冒险，有创造力，思想开放。

3. 追求成长和学习。

4. 通过沟通建立开放和诚实的关系。

5. 建立积极的团队和家庭精神。

6. 有激情，有决心。

7. 保持谦逊。

战略行为：

8. 通过服务给客户惊喜。

9. 拥抱并推动改变。

10. 少花钱多办事。

这份价值观列表没有告诉我们 Zappos 做的是什么生意，它只向我们展示了 Zappos 在招聘时寻求的价值观，以及它希望决定加入其团队的人如何表现自己。比如，Zappos 的员工面对改变的态度是"思想开放""学习"和"冒险"。这些价值观反映了 Zappos 作为一家公司在细分市场的需要，即密切关注现实情况的发展，并且学会适应这种变化。此外，这份价值观列表也是"运营指南"，帮助员工在每天工作时以及与其他员工相处时做出决策。至于同事和员工之间的关系是非常具体的：Zappos 希望每个人都能够"开放"和"诚实"，建立一种团队和"家庭"精神。因此，其他公司可能只重视"专业"或者"卓越"，认为知识和结果比建立长期的纽带更加重要，但 Zappos 的价值观把员工的重要性放在第一位，并且明确某些残酷的行为不会得到容忍。这源于 Zappos 对生活和挑战的一般态度，也就是"快乐""决心"和"激情"。因此，这也就创造了一个与只重视"尊敬"和"卓越"完全不同的工作环境。通过这些价值观，你可以看到从人文主义视角驱动 Zappos 的决策标准。

现在我们再来看体现公司价值观的简短行为列表。从Zappos及其战略的角度来看这份列表，一切就都说得通了。在线鞋类销售是一个利润率非常低的业务，传统上大家主要关注的是削减成本。为了避免这种情况，谢家华有意决定要通过让人惊叹的服务来区分他的业务。比如，如果位于纽约的顾客下午6点下单了一个产品，Zappos承诺会在48小时内送达，公司的员工可能会决定在当天晚上把商品从Zappos的肯塔基州仓库送到飞机上，这样第二天早晨商品就会送到顾客家门口。这会是多么大的一个惊喜！顾客还可以订购10双不同的鞋在家试穿，在试完并且决定购买哪双后，他可以把其余的鞋寄回给Zappos，所有的运费由公司承担。

在这两个例子中，用来衡量员工与顾客互动性的标准是"通过服务提供惊喜"。当所有员工把这一行为都明确地记在脑子里时，他们就会知道该怎么做了。比方说遇到下面这种情况，在星期一的晚上10点，当员工自己一个人需要决定到底是省几美元还是给顾客惊喜时，你就知道他到底会根据什么标准来做出决策。

当然，只要稍加留意，竞争对手很快就可以学会并复制这些方法，所以为了领先竞争对手一步，Zappos鼓励员工"拥抱并推动改变"。你能够想象在这样一家公司工作，你对你的老板说"我们不能改变这一点，因为我们之前一直是这样做的，而且它很有效"吗？当然不能。这就是为什么所有的公司都必须选择恰

高效能领导的五个角色　　172

当的价值观和战略行为，只有这样它们才能与公司目标相匹配。

依据价值观和行为来明确定义决策标准这一点，我们还可以参考凯莱赫的西南航空这个例子。客户服务部门的灵活性和主动性对执行公司文化来说至关重要，所以当赫布看到一个销售代表在翻一本500页的手册来弄清楚如何对待顾客时，他意识到有些地方出现问题了。关于顾客服务的决策不能通过手册来执行，就好像它们都是计算机程序的结果一样。凯莱赫希望相信他的员工能够根据公司的愿景、价值观和行为做出决策：一流的顾客服务是通过授权员工实现的。最后，他烧毁了所有的手册。他是这样解释的：

> 我们现在只有一般性的准则。如果我们倾向于给顾客提供良好的服务，这是可以的。如果一个员工做出的决策对顾客有利，但会增加成本，我们会给予他奖励，但也会要求他不要再这么做了。我记得有一次，由于天气不好，我们无法从巴尔的摩飞往长岛。一个刚来公司几个月的员工雇了4辆大巴，把乘客送往他们的最终目的地。我们奖励了这个员工的主动性。

当员工知道在价值观和行为方面公司对他们的期望时，他们就不会浪费时间纠结在特定场景下应该如何做出决策。这就是标准明确、文化明确且强大时会发生的事情。当文化薄弱、决策标准不明确或者定义模糊时，员工就会浪费时间去猜他们应该做什么以及怎么做，这样他们就更有可能做出错的甚至是有害的决策。

通过诉诸价值观和战略行为，我们能够建立一般的决策标准，并最终确定组织执行这些决策的方法。当 CEO 明确阐述价值观和行为时，就像每个团队成员的脑子里都有一个小老板在做出决策，效果就像 CEO 本人做出的一样。他们会做出决策，正如百威英博的 CEO 薄睿拓说的那样："就像他自己是老板一样。"

正如你所知，一个组织的价值观和行为背后是其愿景或梦想，所以当我们思考决策标准时，我们怎么强调愿景在给予并且指导重要的决策标准时的重要性都不为过。如果组织中的员工明确知道公司的愿景和战略，那么他们每做出一个决策都会朝这个方向前进。这些决策与最优化无关，不是为了把事情做得更好一点，而是为了实现我们的目标，更加靠近我们的梦想。事实上，所有员工都必须知道公司前进的方向，只有这样员工每天做出的无数决策才会被公司的愿景、战略以及价值观和行为制约。在一次会议中，凯莱赫曾告诉我，一位外部咨询师曾对航空公司的员工进行了一次调查，得出的结果让人大吃一惊。"这非常不可思议，关于公司的愿景和战略，80% 的人给出的答案和你一样。"负责调查的人这样说，而凯莱赫露出了一个会心的微笑。在凯莱赫看来，调查结果代表了他公司文化的胜利，并且肯定了只有当每个人都心系一处时,战略和愿景才能有效地指导行为。

▶ 建立决策系统 ◀

对我来说,第一个也是最重要的一个原则是,好的决策基于好的决策过程……为了做出一个明智的决策,你必须参与一个严格并且有纪律的决策过程。

——卡莉·菲奥莉娜

CEO必须做出关键决策。他们当然会这样做,但一般来说,他们必须做的是刺激其他人做出有效决策的过程。这就意味着,他们真正要做的,也是我个人觉得更加重要的,是建立一个系统、一个框架、一种哲学或者一种文化,从而让人们做出正确的决策。

——亨利·明茨伯格

做决策并不意味着简单地"思考"或者"说"我要做些什么,或者这个选择比那个好。当我谈论制定决策时,我指的是一个系统,一整套由决心激发的行动,这样自然会选出谁来执行这个决策,以及需要哪些人力和物力资源。事实上,有人可能会说,这个决策系统是基本框架,因为它包括一切:决策标准、决策主体、授权过程、情绪管理、控制、奖励等。

不管他能否完全意识到这一点，一旦领导者明白了指导决策的标准，他就必须创造出一个决策系统来指导其员工如何执行这些标准。这个系统允许员工使用这些标准来指导自己如何追求优先选项和目标。而且，正如分工责任明确对成功执行至关重要一样，定义一个好的决策系统是实施授权过程的第一步。为了确定由谁决定什么，决策系统必须包括一系列可以做出独立决策的级别，以及一份决策升级的情况列表，比如，关于要投资多少钱的决策，或者雇用和解雇员工等敏感事项。最理想也是最典型的做法就是，从初级员工开始算起，各个层级的员工根据提前确定好的标准可以在一定范围内做出决策。以投资量为例，如果达到了这个投资门槛，那么决策就由下一层级做出，依此类推。

▶ 创造授权过程 ◀

授权是决策系统中关键的一环。由于领导者不可能决定公司面临的所有问题，他必须授权给其他人一些决策权，让其他人尽其所能地参与这个过程。

这里的挑战在于如何正确授权。下面，我将重点介绍授权的特点，这对我们身为领导者的角色影响最大，虽然这看起来好像很让人吃惊，但我会努力展示如何管理授权，最终帮助员工培养自尊心和信任感，由此在组织内产生一种更成功的文化。授权的

5个基本因素是：

- 谁决定什么？选择你要授权的那个人，然后给他提供明确的目标、标准和资源，以便他制定并执行决策。
- 支持那个人的决策，不论好坏。
- 为你的决策负责，并且从错误中学到教训。
- 建立团队成员的自尊和自信。
- 在面对艰难的决策时，干预并负责决策过程。

▶ 谁决定什么 ◀

作为决策过程的第一步，领导者要问自己一个看似简单的问题：谁决定什么？我之所以说这是一个"看似简单"的问题，是因为这个问题概括地包含了两个相当复杂的问题，即"需要决定什么"和"把这些决策授权给谁最好"。在回答这两个问题时，你其实也创造出了一个"微型的决策系统"。也就是说，你确认目标并将围绕该目标决策中的所有元素都具体化，并且指定对此负责的下属。

首先也是最重要的是，授权意味着明确其他人做出以及执行决策需要的目标、标准和资源。这就是"什么"。然后，接下来的问题就是谁做决策。当我思考领导力和决策时，我自然而然地会关注那些对组织最重要的决策，因为它们的影响力非常大，因此就落到了领导者的身上。然而，这些决策可能只占所有决策的10%。所以，关键是要考虑授权给其他团队成员的90%的决策，这也就是领导者建立决策系统的结果。两者对组织来说都非常重要，所以为了成功授权，领导者必须确认最适合承担这份责任的人，这个人也要有能力执行授权的任务和决策。为了实现这一点，领导者必须确定关键点，比如信息来自哪里，谁有做决策所需的具体知识和经验，以及如何确保行动执行到位。一旦做到了这一点，领导者接下来就应该分配明确的责任。

下面我用几个例子来说明。假设现在健康维护组织接收了一个病人，他疾病缠身，身体状况非常差，需要一些医疗保险和非常具体的医疗服务。有谁还能比健康维护组织的主任医师更能决定该怎么做，尤其是他非常清楚组织的目标、价值观和行为？你要信任知道每件事的那个人，你要以明确的标准授权给最了解情况的那个人。

同理，假设现在是在酒店餐厅，服务员端着餐盘来到顾客桌前，一位顾客收到的不是她点的鱼，而是意大利面。等待的时间比所有人预期的都要长，所以顾客很不耐烦。这时候服务员意识到顾客是对的，他必须当场决定如何处理这种情况。他立刻说："我真诚地道歉，女士。您喝的红酒我买单，我马上就去催厨师为你们准备鱼。"服务员没有去叫经理并向他解释情况，而是自己处理了这个问题，因为他对这个问题了如指掌。这就是为什么有些酒店除了拥有明确的程序，还允许每个服务员或者前台职员根据现场情况打破程序，可以在不请示上级的情况下给予顾客一定的优惠。这些工作人员身处问题现场，他们知道自己应该遵守的价值观、行为以及公司的一般标准，因此他们是最适合做出决策的人。当然，他们也要对做出的决策负责。在一家公司里，大部分决策都是由像主任医师或者服务员这样的人做出的。这就是公司日常的运营，也是为什么授权和授权给谁如此重要。

▶ 支持团队成员的决策 ◀

一旦我们确定了要做出的决策以及谁来做决策，接下来团队建设的重点就是支持这个人做出的每个决策。这不是简单地让他在舒适、低风险的职位上建立自信，而是当他面对老板、供应商或客户时领导者会站在背后支持他。做决策是平衡的艺术，所以通常来说每个正确的决策都有成本或者不利的一面。当做出正确决策要付出成本时，支持员工不是一件容易的事情；当做出错误决策时，支持员工绝对是困难的。支持你的员工就意味着，不论员工做出的决策能否取得预期效果，你都要承担起他做决策的成本。如果我的团队成员在其职责范围内做出了一个错误决策，同时这个决策也在法律和道德许可范围内，我必须支持他。这样做并不意味着我不应该纠正错误或者调整他做出的决策，而是我必须始终支持做出决策的那个人。

因为做出错误决策要承担后果，所以我们都害怕做决策。因此，当一个领导者承担起支持员工的重任时，他就使员工从这种重负中解脱出来了。对领导者来说这种行为需要勇气，但这样做能展示出对组织中个人的承诺，以及建立一个强大、亲密的团队的意愿。通过支持你的员工，你帮助他们成长，提高了他们的自信和自尊。此外，你还创造了一种团队精神和归属感。

▶ 对你的决策负责，从错误中学习，灵活处理 ◀

当我必须做决策时，我总是问自己，如果我做错了会造成什么后果。

——艾伦·格林斯潘
1987—2006年担任美国联邦储备委员会主席

很明显，当你的团队成员在你的要求下或者根据你的指导做出决策时，你的支持是无条件的，也是完全强制性的。

哥伦比亚前总统阿尔瓦罗·乌里韦·贝莱斯为我提供了一个特殊的例子，即对他作为领导者的团队所做决策的后果负责。当时是2008年2月末，乌里韦总统获悉恐怖分子劳尔·雷耶斯——哥伦比亚游击队主要首领之一——正藏身于靠近哥伦比亚边境的地方，但实际位置是在厄瓜多尔境内。乌里韦必须决定是否下令进行空袭，最终他决定执行空袭任务。这次空袭成功杀死了雷耶斯，但造成了严重的外交纠纷，因为这次行动没有提前获得厄瓜多尔政府的许可，并且侵犯了厄瓜多尔的主权边界。

乌里韦的许多顾问和外交界的"最佳实践"都暗示他，如果把空军司令当作替罪羊交出去，让他对这次空袭行动负责，这样就能缓解两国的紧张关系，但乌里韦总统断然拒绝了。"绝不！"乌里韦在一次访谈中对我说，"我不能做这种事，因为这是我下的命令。"这种行为，即领导者对执行他所做决策的员工负责的行为，远比具体的战略更有意义，因为它是在团队内建立公信力和忠诚度的一个深刻且基本的部分。在乌里韦的例子中，他在军队里赢得了惊人的忠诚度。

乌里韦的行动表明，决策者需要承担起做决策的后果。事实上作为领导者，一旦决策已经被执行，你就必须让做出决策的那个人对此负责，尤其当这个人是你时，更应该如此。

这特别包括错误决策造成的成本和后果。乌里韦总统说："领导者应该承担失败的责任。"与此同时，一个领导者应该与别人分享他的成功决策。事实上，一个好的领导者有足够的信心在事情进展顺利时与员工分享功劳，并在事情失败时承担起责任。乌里韦总统在分享新闻时就实践了这一点：如果是好消息，他就会让部长向外宣布，这样能使他们分享认可并获得他们应得的荣誉；如果是不好的消息，乌里韦就会自己对外宣布，果断承担起这份责任。

在承担责任后，你必须从决策结果中吸取教训，不论好坏。当然，如果这个决策是正确的，这个过程会容易得多，但确认失败并从中学习更重要。毕竟，错误是所有人类活动和决策过程的固有部分。史蒂夫·乔布斯明白这一点，他曾说过："在这个过程中可能会犯一些错误。这是好现象，因为至少在这个过程中做出了决策。我们要做的就是找到这个错误然后纠正它。我认为，我们要做的就是支持这个团队。"[3] 只有系统性地回顾团队成员的决策，领导者才能够确保每个人都从这个过程中学到教训并且成长。在组织里，没有什么比害怕犯错以及因犯错受到惩罚更能阻碍创新的了。领导者应该支持员工，鼓励他们主动从错误中学习。

然而，学习教训并不只是在已经做完决策并且你能够看到结果之后才能开始，这还意味着在决策制定的过程中积极地做出改变。领导者经常不得不在中途纠正或改变自己的决策。正如科林·鲍威尔所说：

> 你不能执着于自我或陶醉于过去的成功。积极地进行思考，但不能固执地坚持自己最初的想法，以至于在需要改变的时候故步自封。如果想要获得成功，你必须将不相关的东西抛之脑后。

1991年苏联解体,当时鲍威尔经历了这种情况。那一刻,贯穿他漫长而辉煌的职业生涯的最大威胁——苏联——不复存在了。用时任苏联领导人戈尔巴乔夫的一句话来总结:"鲍威尔将军,你将不得不寻找另外一个敌人了。"面对这种非典型的情况,鲍威尔被迫做出了一个艰难的决策:削减100万武装部队成员。他还必须做出关键决策——减少美国陆军供应商的数量,这也就意味着,为了生存,许多供应商不得不改变商业模式,并与其他企业合并。"你不能沉湎于过去的成功。"鲍威尔将军重复道。因为,你如果这样做,就无法及时地做出正确的决策和改变。

我们看到,为了创造出一种成功的决策文化,领导者必须确保员工为自己的决策负责,而且领导者不能惩罚他们。相反地,领导者应该支持他们,鼓励他们主动从错误中学习。这也包括领导者本身,他们必须放下自我,在快节奏和不断变化的商业环境中学习和调整自己的决策。只有这样做,领导者才能确保他的决策系统不仅能让组织生存,也能建立自尊,促进增长,最终创造成功。

▶ 建立团队成员的自尊和自信 ◀

未来的领导者必须非常相信自己,而且情绪要非常稳定。

——卡洛斯·戈恩

戈恩还声称，有效授权——包括做出决策后学到教训——能够加强每个人的领导技能，并在整个组织内横向和纵向地分配领导力。

事实上，通过授权让员工在清晰的框架内自己做决策，支持他们承担起做决策的责任并从中学习，你就能帮助他们成长为人，成长为领导者。你通过在决策过程中帮助员工建立自信和自尊，从而在个人层面和专业层面帮助员工成长。当员工有更多自尊和自信时，他们在个人层面和团队层面都会表现得更好。因此，对所有领导者来说，在团队中培养这些情绪是当务之急。

沃尔玛的创始人山姆·沃尔顿曾说过："杰出的领导者会不遗余力地提升员工的自尊心。如果员工相信自己，他们就会获得惊人的成就。"[4] 他说的有道理，如果人们相信自己，他们就会做出让你大吃一惊的成就。但支持你的团队不仅可以建立自信和自尊，还可以给他们提供情绪支持，帮助他们学习。

我觉得这个过程从心理上来说，就跟父亲在孩子成长过程中所做的事情差不多：当孩子还小时，父亲就会提供机会让他自己做出小的决策，然后逐渐过渡到更重要的决策，父亲会向孩子提供做决策时需要的确定性、情绪和信心，这样孩子就会知道当自己需要承担责任时，父亲会给他们提供帮助。这个反复试错的过程以及父母手把手的支持，能够增强孩子的自尊，帮助其建立自信。作为首席情绪官，我们应该遵循同样的程序。要想实现这一目标，关键的是需要一个授权、负责、学习的过程，以及最重要的是对员工有信心。

作为对比，我们思考一下在相反的情况下会发生什么：当一个人的自尊被摧毁，你只会得到更糟糕的结果。将决策权集中在少数人手中，或者无缘无故地任意干预下属的决策，会摧毁整个团队，削弱员工的信心。一个没有自信的管理者或者员工，不仅会犯最愚蠢的错误，最终还会崩溃。最让人惊讶的地方在于，如果这个人换个部门，或者换了新领导，他就会突然像变了个人一样，得益于新领导的关怀，他的自尊和工作绩效都会得到提升。回想一下我在第二章里讲的那个市场分析师的例子。

通过授权、支持和信任员工基于公司文化的价值观和战略行为的判断，我正在努力整合一批受过培训的人，让他们做出重要决策，并且在个人层面和专业层面都继续成长。

▶ 对于艰难的决策，要干预并负责整个过程 ◀

在一个充满不确定性的世界里，领导技能就是指做出艰难决策的能力。这需要勇气。

——**保罗·休梅克**
《制胜决策力：四阶段法成就完美决策》作者

然而，在一些场景里，领导者必须参与既定的决策过程，并且需要绕过它，以便做出特定的决策。当没人想要"接手烫手山芋"时，领导者就要介入其中并做出决策。比如，在1994—1995年墨西哥比索危机最严重的时候，克林顿总统决定救助墨西哥，正如他告诉我的那样，虽然他的顾问和国会都反对救助。即使决策过程已经就位，在某些节点，有魄力的领导者也必须抛弃这套系统，跟随自己的勇气、直觉或者判断做出自己的决策。特别是当没有"正确"或"理想"的决策时，就会出现这种情况，尽管整个团队可能会努力寻找一个正确或理想的决策。在这些时刻，领导者必须做出他认为是最好的决策，也就是他自己的决策，并且让团队支持他的决策。后面我们在讨论做出决策和危机管理的时候，会详细地说明这一点。

即使领导者必须参与这个过程并做出艰难的决策，他也需要知道这将造成的情绪影响和后果，正如我们解释的那样，他要承担团队的责任，与此同时还要保护员工的自尊、自信，以及培养自身的领导能力。正如你所见，领导者的决策角色与对团队的情绪（包括你自己的情绪）负责有很大关系，也与决策中的硬变量有很大关系。

管理决策中的情绪

决策不是风险效益，它不是一台计算机。这个过程必须有情绪的参与，它驱动决策的引擎。

——阿尔瓦罗·乌里韦·贝莱斯

不用说，如果对领导者的决策角色来说，建立自尊、自信等情绪状态这么重要的话，那么管理这些情绪就和管理自己的情绪是相辅相成的。在接下来这部分里，我们会探索情绪在决策中的作用，决策对团队的情绪影响，还有管理这两者产生的情绪的必要性。

在深入研究如何管理情绪之前，我们要多了解一下情绪在决策中的重要地位。在决策中，情绪发挥着无可置疑的重要作用，不管是对领导者还是对团队中的成员来说都是如此。最近的研究已经表明，情绪在人们计划和决策的过程中扮演了非常关键的角色，而且情绪和理性的区别并不像我们之前想象的那么大。事实上，像盛世长城国际广告公司的凯文·罗伯茨等人坚持认为，80%的消费者决策都是感性的而非理性的。人们可能以为他们做出的决策是基于逻辑，但其实这些决策都是情绪的产物，只是随后经过了理性的修饰。

而且，为了做出决策，情绪也是必不可少的。研究人员已经进行了一系列实验，证明了某些人能够正确且理性地分析不同的选择，而有些人之所以无法在两个选择中做出抉择，原因就在于他们缺少必要的情绪回应。南加利福尼亚大学的神经学教授安东尼奥·达马西奥通过研究一位病人对这种病理现象进行了分析。这位病人拥有完美的认知能力，但他大脑中负责管理情绪的部分发生严重病变。据达马西奥所说，这个病人能够花 20 分钟列出不同餐馆的优势和劣势，却无法得出任何具体的结论。"他之所以无法做出决策，是因为他缺少来自情绪的驱动，"[5] 他解释道，"正是情绪让你能够决定一个选择是好是坏，还是没区别。当我们思考自己过去做出的决策时，我们一般都记得自己对这个决策的感觉是好还是坏，而非只针对事实。当我们把这两个元素——事实及其伴随的情绪——结合起来时，剩下的就是我们称之为智慧的东西。"从这种意义上来讲，在做决策时情绪是一个必不可少的条件。

与此同时，情绪能让决策变得复杂，甚至是阻碍决策的制定。比如，鲁迪·朱利安尼告诉过我：

> 我父亲教导我在遇到危机时要保持镇定，因为只有保持镇定的人才能有时间想出解决的方法。那些遇到危机就变得非常情绪化、不安和惊慌失措的人，他们看不到门是打开的，只看到无路可逃。只有保持镇定的人才能看到那扇打开的门。

正如我们在第二章所说，许多情绪会阻碍我们的认知能力，从而限制或者破坏我们的决策能力。朱利安尼的父亲是位消防员，所以他对此非常清楚。甚至朱利安尼所使用的门的例子就来自他父亲在救火时的亲身经历。在面对紧急的危险状况时，你必须控制住自己的情绪，只有这样你才有可能做出挽救生命的决策。

▶ 认识情绪的影响，管理团队的情绪 ◀

不管是积极情绪还是消极情绪，情绪不仅是决策系统的基本组成部分，也是决策最终影响力的决定性因素。你一旦意识到决策系统对公司所有员工的情绪影响，就会明白为什么这种领导工具如此重要，以及为什么承认做决策和决策本身对团队的情绪影响如此重要。

想一想吧，从定义上来说，在做出决策之前，我们有很多选择，这些选择能够在每个团队成员心中唤起不同的情绪。每个团队成员会问自己"发生了什么？"，"我们要去哪？"，"我们会选择最佳选项吗？"诸如此类的问题。他们可能会感到苦恼，因为他们不知道会发生什么，不确定未来是什么样，由于当前的情况不明确而心怀恐惧或者怀疑，渴望承担更重要的角色，或者害怕失去这个角色。然后，这些情绪就会驱动团队里的每个成员提出想法，并且做出行动。当然，这些情绪反应因人而异，在每个团队成员身上都有所不同。因此，在做出决策之前，这里总会有许多矛盾的观点，甚至是冲突的可能。最终谁会获胜？一个没有做出的决策会产生不明确、不确定的空间，并且随之产生一系列消极情绪。

然而，一旦做出决策，所有不确定性和其他选项就都消失了。原来的十字路口变成了一条通途，直接通往下一个里程碑，通往下一个十字路口。这个决策本身是对是错都不重要，或者它是不是某些团队成员的优先选项也不重要。一旦做出决策，它就会使团队与目标保持一致，制订计划，明确任务，简化沟通，消除当前的十字路口。一旦做出决策，每个团队成员都会感觉如释重负，因为情绪的重担已经从他们身上卸下来了。

这种解脱恰恰与领导者肩上的重担相反。对一个领导者来说，每个决策都是很重要的，因为不仅做出决策的过程很艰难，而且领导者要对决策产生的后果和影响负责，他将决策的重负以及决策的后果都担在自己身上。但处理决策影响带来的情绪压力的能力正是真正的领导者与其他领导者的区别所在。正如我们在第四章所学到的，克林顿总统坚持认为，当领导者意识到他们的决策会给人们带来影响时，他们不应该因此丧失勇气，反而应该感觉被赋予力量。他的想法不断得到印证。他强调，我们必须"考虑我们的言行举止对别人产生的影响。这就是一个领导者该做的，最优秀的领导者可以做到这一点，并且不会因此而沮丧，反而感觉被赋予力量"。

▶ 自信在做艰难或者不受欢迎的决策时的重要性 ◀

作为决策层的领导者，除了知道管理决策对团队的情绪影响，还必须知道管理自己的情绪至关重要。为了详细说明这一点，最通俗易懂的方式就是使用最极端的例子：面临艰难决策的领导者。当我询问在世界各地参加会议的领导者关于艰难的决策时，他们的回答总是与情绪影响有关。为什么会这样呢？因为人们需要被接受、被喜欢，他们需要被社会、公司、周围的同事或者老板接受。渴望被接受是人类的内在天性，有鉴于此，任何一个决策都可能将我们置于危险之中。如果我犯了一个巨大的错误，我就会害怕别人因此对我生气、拒绝我，或者在团队里排挤我。在潜意识里，这也暗示我们从属于这个团队的关系受到质疑。所以，人们在做艰难的决策时，自然而然地会感到苦恼。

就政治家而言，这种对接受的渴望不可避免地会遇到处理"受欢迎或不受欢迎"这个问题。英国前首相托尼·布莱尔曾告诉我，作为领导者最艰难的事情就是做出正确的决策，即使这个决策不是最受欢迎或最明显的。在我与他在纽约无线电城音乐厅的一次长谈中，布莱尔回顾了自己的经历，他解释道：

> 当我涉足政界时——我在1994年成为工党领袖，在1997年成为首相——我觉得自己对这一行很精通，如

> 果诚实地说,我会一直努力取悦所有人,但等到我离任的时候,我不确定自己能否随时取悦任何人。

布莱尔意识到,如果你总是试图取悦所有人,你就无法成为一个好的领导者,因为这会阻碍你做出正确的决策。如果一个领导者需要他人的认可,他就无法做出恰当的决策。这就是为什么他那时会说:

> 任何处于领导位置的人都要拥有足够的自信,同时不要让这种自信发展成傲慢。

政治家必须足够自信,同时在情绪上能够承受拒绝带来的情绪压力,以此来处理决策的后果,那就是许多人可能会对他们做出的决策感到愤怒。事实上,所有的领导者都必须足够自信,用布莱尔的话说就是:

> 必须有人把责任扛到自己肩上,必须有人做出决策,我就是那个做出决策的人。

如果一个领导者很自信,他就能不依赖别人的支持做出艰难的决策。

当我与科林·鲍威尔谈起他职业生涯里最困难的决策时，他特别提到了海湾战争。他的上级是政治领袖，负责做出决策，但在此之前，他们必须听取鲍威尔的专业意见，"不管他们是否愿意听"。鲍威尔发现他经常身处这样一种尴尬境地，那就是上级希望听到的和他给出的专业意见正好相反。然而，他的责任就是提供自己的专业意见，即使他知道上级可能并不想听这个消息。这就是成为领导者的意义所在。有时候你发现自己可能非常孤独，没有人支持你，而且不得不告诉你的上级一些他不想听的建议，这种情绪压力非常大。

这也是最好的决策者通常也拥有更高自尊的原因之一。这种人在做出决策时，不会因为需要取悦别人、担心别人会因此失望或者害怕别人会拒绝他而受到影响。这也是为什么领导者必须培养团队的自尊以及他们自己的自尊：要能够承受艰难决策带来的压力。团队不应该担忧一个决策是不是受欢迎。事实上，当我询问比尔·克林顿、托尼·布莱尔、科林·鲍威尔和马德琳·奥尔布赖特在选择下属时最看重的品质是什么的时候，他们都提到了敢于表达与领导者不同意见的能力，以及准备好面对这种不同观点的能力。这意味着要拥有足够的自信敢于说出别人不想听的话。

在害怕表达不受欢迎的意见或者做出不受欢迎的决策背后，是对结果的恐惧，这也是另一种在决策过程中扮演重要角色的情绪。情绪会影响决策者做出正确决策的能力，因为他们害怕这个结果。比如，以股票经纪人为例，他们经常身处这种境地。在与一个交易员聊天时，我发现了这个行业里的人说"在压力下做决策"到底是什么意思。据这个交易员所说，股票市场中的"压力"意味着苦恼，害怕失去所有东西或者挣不到足够的钱。这个经理人解释道：

> 当一个交易员手里有某种债券，但其价值开始下跌时，通常他都会继续持有一段时间。因为，一方面如果他卖了的话，他就必须承担损失的后果，这个后果很可怕；另一方面，如果他继续持有的话，他就把承担损失这一刻往后推迟了。同理，当股票经理人手里的债券价值开始上涨时，他们比较倾向于立即卖掉以获得利润，因为他们害怕亏损。从心理层面考虑，这非常困难。

管理无意识的信息：直觉和判断

据国际象棋大师和世界象棋冠军加里·卡斯帕罗夫所说，情绪和直觉属于决策中最重要的两个因素：

> 当我们做决定时，每个人都必须了解自己的反应和内部机制，这是非常独特的。对我来说，情绪在这个过程中是至关重要的一个因素，就跟直觉、数据分析能力或者其他因素一样重要。

他随后又补充道：

> 直觉至关重要。有些人不习惯依靠直觉，但我推荐他们锻炼这种能力，就像锻炼肌肉一样。除非你依靠它，否则你无法提高自己的直觉。

我第一次听到卡斯帕罗夫的观点时非常震惊。作为一名工程师，我的培训经历让我相信——可能有些夸张——所有的东西都可以被衡量或合理化。在象棋这么需要理性的游戏里，直觉怎么可能扮演这么重要的角色呢？卡斯帕罗夫接着告诉我，在他与 IBM 超级电脑"深蓝"的著名大战中，他是如何做出决策的。他说当他与"深蓝"对弈时，他尽量模糊自己每一步棋的意图，没有留下明确的最佳回应。通过这种策略，他可以在最后一刻通过自己的直觉做出决策。

这个例子可能有点极端，但即使在不那么极端的情况下，直觉在决策过程中也扮演了非常重要的角色。正如一个人所有的无意识认知和情绪能力一样，它代表了一种积聚的基础或者智慧的源泉，人们在使用时甚至不会意识到它的存在。事实上，许多该领域的专家认为，直觉就是人们过往经历和知识的总结，人们将其存储在大脑中，通常是无意识而非有意识地使用这些资源。因此，这些专家提出当遇到棘手问题时，暂时先不做决定，而是无意识地积聚信息和情绪资源，这有助于人们做出更好的决策。

传奇电影制片人弗朗西斯·福特·科波拉明确表示同意这种观点：

> 最后，如果你已经学会保持直觉的活动并且听取它的声音，它会向你提供关于重大决策的重要答案。我在做重要决策时，尽量保持放松，不会太紧张。我认为当你手里拿着一杯红酒时，或者在半夜时，你才能够做出最佳决策。我不会匆忙地做出决策，我会听取同事和助理的意见，但如果这与我内心的直觉不合的话，我也不会做。最终，这就是我现在拥有的。

正如你所见，直觉不是一种神秘的品质。相反地，它是开发储存和运行在潜意识里的所有东西，包括感性和理性层面。如果你"保持直觉活跃",正如科波拉所建议的,它会帮助你做出决策。

许多伟大的领导者都同意,最重要的决策无法通过模型或者计算机实现,也不可能完全基于理性或者意识实现。最重要的决策需要一系列复杂的对比和评估,需要经验、智慧、谦逊、直觉,以及综合不同角度分析的能力。有人可能会称之为良好的判断力,但事实上,当许多领导者描述世界上最伟大的领导人时,他们一再重复"良好的判断力"这个词语。这是什么意思呢?卡莉·菲奥莉娜坚持认为:

> 有些事情是不应该改变的,那就是领导力最终需要判断、观点和洞察力。如果一个领导者无法正确判断什么时候该行动、什么时候该停止,如果他们对什么是真正重要的、什么只是有趣的没有正确的观点,那么他们就会推动错误的优先事项。

当你开始从加里·卡斯帕罗夫、卡莉·菲奥莉娜、弗朗西斯·福特·科波拉等人的智慧里吸取营养时,你会明白直觉和良好的判断力的重要性不仅在于它们能帮助你做出最好的决策,更在于帮助你做出自己的决策。

做出决策

所有的决策都隐含着风险，在许多情况下，你很难或无法将这个决策的风险与其他决策做对比。比如，爱迪生在经历了1 000多次实验后才最终发现合适的材料创造出电灯泡。在失败了999次后，谁能说下一次实验到底是对还是错呢？发明家不关心这个决策到底是不是最好的，这只是他的决策，他渴望发现一种新的方法来解决眼前的问题，这才是驱动他做决策的最终因素。

你要停止寻找"最优决策"或"最佳决策"，而是开始寻找你自己的决策，这一点很关键。当然，这个建议不是否定帮你理解所做决策的影响的各种模型或机制，但它确实能帮助我们关注真正需要重视的东西。

▶ 危机管理：朝问题进发 ◀

朝问题进发。你如果碰到危机，就去面对危机。不要逃避，不要跑开，不要隐藏，而要直面危机。直面危机，识别危机，承认危机，解决危机。

——卡莉·菲奥莉娜

你可能猜到了，对领导者来说，做出决策的重要性和必要性通常在面对危机时最为常见和明确，不幸的是，很少有领导者在职业生涯的某个阶段不面临危机。"危机"这个词来源于希腊语，是"选择"和"替换"的意思。换句话说，危机在本质上是一种情况，需要领导者做出关键决策，并在各种备选方案中做出选择，而且这种选择会产生巨大影响。事实上，在危急时刻做出决策，通常会决定一个组织的生死。有鉴于此，在危急时刻管理一个团队的关键因素，首先就是做出自己的决策，并有自尊和勇气承受这个决策带来的情绪压力；其次，要下定决心掌控局势，要亲临一线确保执行力度，并且支持你的团队。

克林顿总统告诉过我：

> 做出不受欢迎的决策总是非常艰难的，但对我来说这不是最艰难的决策，因为我愿意接受结果。最艰难的决策是那些我必须在有限时间内做出，而且没有明确答案的决策。如果答案很明确，我就不会担心决策到底受不受欢迎。

他继续说：

> 总统做出的 90% 的决策都会得到赞扬，你检查一张备忘录上的选项，因为你的所有顾问已经同意你做出的选择，你只要看看他们的分析是不是有道理就可以了……

> 总统真正要做的是决定剩余的 10%。最困难的是那些没有人知道答案的事情。你必须倾听、权衡，然后尽自己最大努力行事……在 1994—1995 年墨西哥比索危机时，虽然我的顾问都坚决反对，但我在 5 分钟之内就做出了决策，因为我很确信自己的选择。真正让我痛苦的是，当我不得不做出一个会影响你的决策时，我不确定这个决策是好是坏，而且我必须在有限时间内做出决策。

作为领导者，你经常要在没有明确下一步目标，没有对结果明确回答的情况下推进，还要频繁地面对其他人的建议和意见。但你必须做出决策。不管对错，你是负责做决策的那个人，还负责决定谁会因此受益，谁会遭受损失。在这些时刻，领导者倍感孤独，因为他必须考虑或者选择忽视他身边每个人的利益，此外还要明确谁会喜欢他的决策，谁会讨厌他的决策。考虑到这一点，我们可以回过头来看克林顿提到领导者在做决策时面临的两种情绪：他会因此感到束缚或者振奋。面对危机，你的反应决定了你是哪种类型的领导者。

以鲁迪·朱利安尼在"9·11"恐怖袭击事件时的危机处理为例。他强调，在那一刻，他无法像平时那样做出决策：

> 我以前通常听取一方的意见，然后是另一方，至少听两遍后再做出决策。现在我听了这一方的意见，然后做决策。3分钟后我开始思考，我没有考虑到这一点，没有考虑到那一点。当我做出错误决定时，我感觉很不舒服。

在没有时间思考、反思并且充分交换信息的情况下，朱利安尼被迫做出决策。他本来可以停下的，但他知道自己必须前进。

在面对危机时，领导者必须在巨大的不确定性面前做出决策，承受情绪压力。此外，他们还要亲临一线，与团队成员在一起，支持他们的行动。在双子塔遭到恐怖袭击后，朱利安尼做了所有优秀的军队领导者都会做的事情。在许多不同场合，以及在袭击发生后的一周内，他都一直在事故现场，与营救人员和官员待在一起，有时候会召集他们，有时候会与他们一起哭泣和默哀。这些行为有什么实际的影响呢？首先，这些行为具有一种情绪影响。在面对危机时，最高领导者与你站在一起，关心你并努力解决出现的问题，这会让你感觉更安全。你会感觉自己是重要的，并且受到了关怀。其次，这些行为还会缩短信息延迟的时间和决策过程。当一个领导者亲临一线，也就是开展实际行动的地方，他会实时接收所有相关信息，在真实的语境下，没有任何过滤，很明显这会极大地改善决策过程。

▶ 选择的困境 ◀

那对于破坏性不那么强的危机情况，一个企业领导者在整个职业生涯里可能会多次面临这种问题或者冲突，这时情况如何呢？我们用什么来指导决策？比如，两个重要的决策标准相互冲突，实现组织愿景与确保员工的福祉之间产生矛盾，这时该怎么办呢？一种情况是，你应该仔细检查一遍，确定这两个标准之间的冲突是真实的还是表面的。如果员工因为看不到决策的中长期利益而拒绝做出某种牺牲，但领导者能理解决策成本并看到团队的中长期利益，那么这种冲突就是表面性质的。在这种情况下，即使我的员工不喜欢我的决策——因为我做了一个不受欢迎的决策——也不意味着我不关心他们。在这种表面冲突中，我仍然坚持组织的愿景，也仍然关心我的员工，不管他们理不理解或者坚不坚持。

另一种情况是，有些人要承受损失，但大多数人都会从这个努力实现愿景的决策中受益。这方面的一个例子是，为了确保组织的生存和延续，你必须开除一些员工。这就是真实的冲突，但推动组织愿景应该比少数人的福祉更具有优先性，因为，领导者的主要作用就是建立这种愿景、方向和目标。所有的决策都是为了一步步实现这一目标，所以愿景比某些员工的具体利益更加重要。

当然，还有一些管理者和企业家想要拥有这一切，他们考虑每个人的观点，寻求共识和满意，甚至以牺牲进步为代价。你可能怀疑，这种情况往往与正确的措施和受欢迎的决策之间的冲突有关，因此也与做出一个不受欢迎的决策或者以更好的名义违背大家的共识产生的情绪压力有关。领导者如何处理这种困境在很大程度上取决于他在做决策时使用的标准。领导者该如何进行管理？是根据大多数人支持的标准，还是根据他认为会对组织产生最大好处并且会帮助公司更快实现愿景的标准进行管理？

在面对两难困境时，真正的领导者主要依靠两条准则的指引：组织的愿景和依据他们看到的事实做出的决策。第一，真正的领导者在愿景的指引下会稳步向前发展，他相信实现愿景的热情越大，就越容易做出不受大家欢迎的决策。如果你的愿景和目标非常清晰且远大，你就会做出不受欢迎的决策，并且不受可能产生的结果的影响。这就是为什么大多数成功的领导者即使会丧失一些盟友也坚决不为所动，而是继续追求公司的愿景。面对那些不支持他甚至强烈反对他的人，以及由此产生的情绪压力，领导者用接近愿景而产生的快乐和能量作为补偿。只有软弱的领导者才会过度担心大众的意见。

第二，领导者负责做他认为正确的事情。托尼·布莱尔对此说得非常透彻：

> 如果你身处领导位置，那么对于你领导的那些人，归根结底，你欠他们的是你看到的事实和你做出的正确决定。

对一个真正的领导者来说，正确的决策必须首先能够满足"他看到的事实"。

▶ 我们不必寻求共识 ◀

你肯定也注意到了，我们在讨论决策时，很多时候提到的都是领导者单方面地独自做出决策。但正如我们所知，没有领导者是在真空中进行管理的。在现实中，任何领导者的身边都围绕着许多人，而且要对他们的声音和需求负责，这也是领导者在独自做决策时必须尽最大努力寻求共识的一个原因。这种共识是一种价值观吗？可能让人很意外，我采访过的大多数领导者不这么认为，尽管他们直接表达这种观点的方式千差万别。

大多数领导者没有寻求共识，而是讨论建立一个参与式框架的便利性，能让他们倾听所有人的意见，并从不同渠道收集信息。正如朱利安尼解释的：

> 作为领导者并不是要发号施令，而是要创造参与。你要让与你一起工作的人认同你，为你工作，而你也在为他们工作。

让团队支持你的决策是非常重要的，因为这会匹配人们的行动。然而，不要错把这种支持当成共识，二者是不一样的。正如朱利安尼所暗示的，一个领导者需要人们接受他最终做出的决策，但这并不意味着这个决策是通过共识实现的。当做决策时，领导者最终要决定他是相信专家和大众的意见，还是优先遵循自己的直觉。最终负责的那个人必须决定他是否相信自己设立的授权系统，或者他是否需要干预其中并承担起决策的后果。

科林·鲍威尔在讨论他的"参与式"领导系统时回应了这种观点，认为该领导系统会促进软信息的流动。在这里，软信息是指他下级的真实想法：

> 我十分努力地去营造参与式风格。我在担任军队领导者时，会把下级军官叫到我的办公室，我不会身穿挂满勋章和绶带的西装会见他们，而是穿着便装，这样他们也会非常放松和自在。我也永远不会坐在长方形会议桌的一头进行谈话，而是使用圆桌，因为我想要从他们那里听到最真实的信息，所以我要营造一个参与式的环境。现在，我也想弄清楚，这对我无法接触的那部分领导力来说非常重要，因为现在我是最高军事长官了，一旦我参与并听取你的想法，我就会做出决策。

鲍威尔鼓励互动，并从团队里获得不同的观点，但最终他要做出或者同意所做的决策。同理，杰克·韦尔奇相信参与式管理风格的重要性，但他加了一条警告："我非常清楚这不是搞民主。"

我同意共识不是最优先的价值选项。在关键议题上，领导者应该确保所有人都已经贡献了相关信息和专业意见，只有听取了所有专家的意见并在平衡他们专业意见的基础上，领导者才能做出决策。但是，领导者最终还是要自己做决策。在做这个决策时，你要利用你的直觉并充分挖掘你所有的知识和经历，要做出能触动你内心的决策，不管它是否受欢迎，是否取得了所有人的共识。之后，你可以努力让团队接受这个决策。随之产生的挑战是确保你做出自己的决策，这个决策代表你的价值观，你要带领员工去实现最终的愿景。这样一来，你身为领导者就做出了一个强有力的声明。

决策是一种领导工具

在谈论了这么多关于决策的信息之后，我能得出什么结论呢？

当我做出的决策与我的价值观和愿景相匹配时，当我专注于那些符合并反映公司文化的决策时，我实际上是在强化我的团队。我使用的授权系统能帮助我创造积极的心态，推动员工个人和领导者学习及成长。该系统赋予他们权力，而当我通过智能决策系统对他们进行授权时，我就确保了组织的成功。我提高了员工的自尊，提高了他们对组织的忠诚，他们实现梦想的努力，以及他们在一个基于明确标准做出决策的团队中的归属感。

情绪在决策中扮演了重要角色，虽然你可能认为自己的决策标准和过程很清楚，但多数人甚至都没有认识到他们的情绪所起的作用，不管是在决策之前、期间还是之后。同样，你需要识别并训练自己的直觉，这是个无意识的过程，要利用储存在你大脑中的信息和情绪，这是一种本能地感知更好选择的能力。了解这些过程，会让你做出更好的决策。

在本章中，我们回顾了管理决策系统的方方面面，这是一种非常有效的工具，可以用来发展和激发你的才华。为了检验你是否好好利用了决策这一领导工具，本章以如下问题来结尾：

> 你是否给团队成员授权，通过增加他们的责任，使其能够做出明智的、得到支持的决策，以此帮助每个团队成员提升自尊、自信和忠诚？

第七章

第五个角色：制订文化计划

我们必须基于我们的价值观来雇用和解雇员工。

——谢家华

▲ 领导力

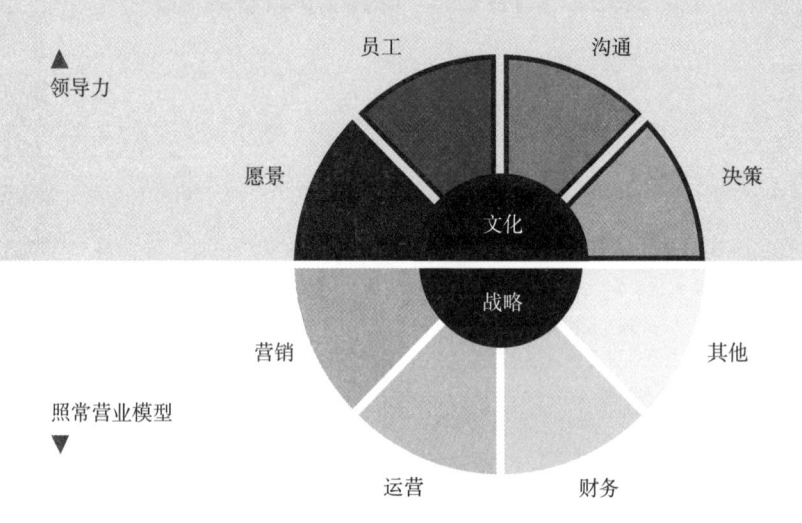

员工　沟通

愿景　　　决策

文化

战略

营销　　　其他

▼ 照常营业模型

运营　财务

在前面的四章中，我们分析了首席情绪官的 4 个角色，以及他应该怎样运用这些角色来产生特定的心理和情绪状态。每一个角色都会产生一系列具体的情绪结果，这些情绪结果可以被感知或者被衡量。通常情况下，一个角色会产生一种或两种具体的情绪。让我们简单回顾一下：

- 激发愿景会使人拥有向往成功的积极情绪，例如使命感、自豪感、奉献感、激情、希望和幸福。
- 关心和照顾他人会使人产生归属感、自豪感、参与感、奉献感、自尊、自信，甚至是信任。
- 跨组织的沟通尤其有助于建立信任联系。

- 一个强有力的决策系统将会推动授权，使员工的自尊和自信大大增强。

我想说的是，前4个领导角色都是独立的。每个人都有自己的梦想和愿景，并且能够真诚地关心身边的人。每个人都可以有效地与他的团队进行沟通和联系，以此创建出一个授予人们权力的决策系统。但是，根据团队文化的不同，个人领导的表现也不一样，这也是第五个角色——理解、创造和管理组织文化——与团队息息相关的原因。

理解组织文化

与构成文化的更广泛的信仰、习俗和行为不同，我使用"组织文化"这一术语来指代可以区分不同人群的一套价值观和行为，就像在公司、部门或者业务单元存在不同的价值观和行为一样。组织文化中特定的价值观和行为可以引导情绪和能量向共同的目标发展，同时让组织中的员工体会到一种归属感。事实上，组织文化就是促使组织中的人在朝着共同目标奋斗的过程中去感受一些情绪和心态。人们甚至可以说，组织文化起源于情绪影响，而这些情绪影响是由共同的梦想和统一的价值观与行为来创造的。

例如，薄睿拓说过，百威英博分布在不同国家的公司都拥有同样的组织文化。不管更广泛的文化是什么，公司的价值观在世界各地都是一样。我们之前进行了简要叙述，在这一章我们将进行详细讨论。百威英博的文化是"成为主人"和"表现得像个主人"，所以无论是在印度还是在美国，从员工行为和沟通到决策，都是由这种组织文化来引领的，从而确保消费者无论身在何处都能得到相同水平的服务和相同质量的产品。从波士顿到孟买的员工都遵循同一家公司的梦想，并按照同样的价值观和行为行事。

当然，大多数跨国公司并不承认它们无论在哪里都拥有完全相同的文化。不同地方的迭代不同，需要做出细小的修改。尽管如此，我们仍然可以理解组织文化是如何帮助企业在任何地方都保持其整体身份的。在产业全球化和品牌全球化的今天，这样做是一种基本的需要：通过帮助企业保持其在跨越广泛的文化边界时的身份，组织文化孕育出了必要的信任，以维持客户忠诚度和取得更大的全球性成功，并增强内部的自豪感和归属感。

当然，一个组织的文化不可否认地浸透在该组织所处的更大的社会文化中，因此自然而然地融入了更广泛文化的某些元素。例如，百威英博可能会选择在其经营的任何地方拥有相同的价值观，但这些价值观对不同国家的人产生的影响肯定是完全不同的。比如，一种组织文化是希望全职员工每周工作 60 个小时以上，并且不需要额外的报酬，而仅仅是为了保住他们的职位。对一名法国工人来说，这可能是一剂让他们难以下咽的苦药，但一名在竞争激烈的公司工作的美国工人也许会将其视为一种常态，并悄悄地维持原状。

让我们从代际差异的角度来审视更高的文化价值观与公司组织文化的关系，并根据对组织文化产生显著影响的广泛文化趋势——千禧一代已进入职场——来对它进行研究。千禧一代大约出生于1981—1995年，他们的工作方式与前几代人截然不同，因为他们推崇一套特定的价值观：工作与生活平衡、关爱地球、促进社会福祉及短期项目。随着时间的推移，公司对新一代员工的独特价值观和期望进行深入的分析和理解变得越来越重要，这样才能成功地管理公司的组织文化，尤其是在试图吸引和留住新人才的时候。例如，如果你想让千禧一代认同并致力于你的公司，他们必将认为该公司愿意为他们提供必要的条件，让他们有时间进行其他的个人活动。此外，该公司应该对环境表现出高度的尊重，并且主动采取行动力求改善社会福祉。与前几代人不同的是，千禧一代对工作稳定性和长期项目不太感兴趣。除非一家公司考虑并尊重千禧一代的普遍价值观，否则它应该准备好失去对它来说最有价值的人才，不过前提是如果它能吸引他们的话。

在最近为拉丁美洲一家顶级律师事务所做的主题演讲中，一位合伙人抱怨说，该公司在吸引年轻人才方面遇到了困难。我问他公司的梦想和愿景，以及公司试图邀请年轻人才加入的目的是什么，他回答说："我们的基本价值观是努力工作，通过努力工作，我们力求实现卓越。"我认为这个答案解释了为什么他们很难找到年轻人才。千禧一代并不认为努力工作本身就是一种价值，尤其是如果他不是为了追求一个坚定的目标。

正如你所看到的，企业对他们所处的更大的社会文化背景进行了解是十分重要的，因为这将对那些构成员工队伍的人的价值观和行为产生重大影响。因此，一家公司选择构成其组织文化的价值观必须符合员工所坚持的更高的文化价值观，这要从最顶层开始。

文化从顶层开始

当我成为 CEO 时，我并不知道这一点，但我所做的每件事都是在强化我们想要在文化层面上做的事情。在价值观、文化和其他重要方面，高层的基调是不可委派的。你可以指导其他人，但是文化、变革、支持、信任、教导都是从 CEO 开始的。你可以委派任何你想要委派的东西，但不能委派文化。[1]

——**史蒂夫·鲍尔默**
2000—2014 年任微软 CEO

因为组织文化是组织中每个人共同的愿景、价值观和行为，所以高层领导者必须首先分享这种文化。你在组织中的地位越高，你对定义公司文化的影响就越大。所以，如果你是CEO，你必须在其他人之前体现你想要传播的组织文化。然后，你必须与你的最高管理团队紧密合作，以确保每个人都支持这种文化。虽然一个组织的领导者有一定的个体差异，但他们应该在不同方面做出共同努力来构建共同的元素，然后以一种强化这些共同元素所表达的文化的方式行事，这是至关重要的。

高层领导者能够（也应该）有意识地、主动地促进积极的文化。组织文化最终是组织中人们的实际行为和感受的结果。同样，领导者也可以很容易地创造一种破坏性或剥削性的文化。例如，如果文化没有得到适当的管理，那么某个拥有更具吸引力的提议、行动或个人能力的特定管理者将有可能在组织文化中获得更大影响力，从而有效地破坏其他领导者的工作积极性和愿景。

我曾经听到一家公司的合伙创始人说过，他的产品就是一个空头承诺，只对笨蛋有价值，而且他将不再相信这些产品。你能想象这种说法对公司的员工有多大影响吗？他还奖励了那些不遵守或不尊重公司价值观的人，他们没有延续曾经促使公司成长的战略措施，并且放弃了公司的梦想。还有什么好说的？什么样的公司能抵挡住这一切？这位领导者剥夺了他自己企业的价值，该企业的价值一直下降，直到它几乎破产。一家曾经在短短5年的时间内将利润翻了4倍的成功企业，如今销售额开始下降，并开始遭受持续数年的亏损。

一个组织的所有成员都可以为该组织的文化做出贡献，但是高层领导在创造、引导和体现文化方面的作用更大。当一名创始人或 CEO 不再相信企业时，他正在慢慢地摧毁这个组织里的人们努力创造的东西。因此，现在是这位领导者下台的时候了。

不同类型的文化

在第一章中，我们关注的是一个组织的文化对结果的影响。我这么做是因为领导者有义务取得结果，所以我觉得有必要尽早向你强调：文化可以对公司的成功产生重大影响。事实上，领导者不仅可以得到结果，也可以通过创造成功的文化来使结果成倍增加。也就是说，这就是领导者的工作：领导者创造文化，而文化可以成倍地增加结果。

在这一部分，我想更详细地和大家分享不同的文化原型，这样你就可以直观地看到你的公司文化所处的位置，并决定你要怎样修改它。对于一些特别成功的公司，重点是了解他们拥有的战略目标以及构成其文化的相应价值观和行为。

为了最终管理好自己的公司文化，首先要根据公司的行为、价值观和习惯来理解和定义文化的主要变量，这显得尤其重要。今天，人们谈论各种不同的文化，有目标驱动型文化、创新型文化、卓越型文化、人类价值观文化、所有权文化、成本或利润驱动型文化，还有许多其他文化。让我在这里展示一些这类文化的特殊例子。

▶ 目标文化 ◀

许多 CEO 错误地认为，鼓励"专业文化"就足以让公司持续增长。40 年前，当年轻的专业人士只对成功的工作生活感兴趣时，这种计划可能有效，但现在的情况大不相同。正如我们所讨论的，千禧一代不满足于严格的经济和职业目标，这新一代的专业人士想要在公司内部做一些有意义的事情，并为推动社会发展、实现真正变革做出贡献。

因此，只管理"专业文化"的企业不再是值得效仿的范例或模式。相反，它们必须抓住成长的巨大机会，通过超越这一狭隘的观点来实现增长。现在，公司除了提供产品和服务，还应该为其员工和整个社会的福祉做出贡献。我们可以把这种文化称为目标文化或目标驱动型文化。

重要的是要理解这些目标——一方面是致力于提供成功的产品和服务的专业精神，另一方面是致力于增加员工和社会的总体福祉。这两者并不是相互对立的，而是相辅相成的。如果一家公司选择超越专业精神，同时激发人们的热情和照顾员工的福祉，那么它将会提高其增长和发展的可能性。例如，像 Zappos 和西南航空这样的公司，它们在提升一流服务的同时把员工放在首位的文化让它们获得了卓越的业务和财务表现。正如我们在第一章中看到的，西南航空公司在 30 年的时间里获得了大约 26% 的年回报率。就算不是专业的业务分析师，你也能看出这是相当出色的表现。

目标文化和人的文化的另一个例子是社交网络推特，它是由拥有着共同梦想——与地球上的每一个人建立联系——的几个人创立的。推特的使命是"让每个人都能在没有障碍的情况下，即时创造和分享想法及信息"。推特的联合创始人比兹·斯通解释了该公司文化在实现这一雄心勃勃的目标中的重要性：

> 我们正在建设一些在人们生活中很重要的东西，这些人不仅包括那些使用推特的人，还包括那些在推特工作的人。我们想要使推特成为一个好的工作场所，我们希望员工感觉到他们在做有意义的工作，也是他们生命中最好的工作，我们也要对他们的健康和其他事情负责。很明显，如果我们要继续发展，强大的文化是非常重要的。

你会注意到，斯通强调了以下两点的重要性：第一，一个更大的目标——让人们感觉自己通过推特变得很重要，并对这个世界产生深远的影响；第二，关心公司的员工。这两个方面是公司达到目标和人驱动文化的基石，它们帮助推特成为世界上最强大的社交网络和经济成功体之一：2022年第一季度，推特的营收为12亿美元，可获利日活跃用户达2.29亿。

▶ 结果文化 ◀

为了理解什么是"结果文化"，以及需要什么样的行为和价值观来建立它，我必须强调：这种文化需要一个我们可以用来衡量结果的定义方式——销售额、客户增长、公司利润、消费者满意度或任何其他适当的指标。选择的因素将指导发展公司特有的"结果文化"，将其与其他的文化区分开来。例如，如果我们的文化依赖于衡量销售的结果，那么这个因素将产生一种与基于顾客满意度的文化截然不同的文化。然后，所选择的特定的定义"结果"成为整个组织的梦想。

鲍勃·赫博尔德的经验为我们提供了一个非常有趣的例子，并对基于特定因素的结果文化进行了说明。在宝洁公司工作了26年后，赫博尔德接到比尔·盖茨的私人电话，共同讨论微软面临的业务挑战，特别是在盈利能力和创新能力方面。在与比尔·盖茨会面几次后，赫博尔德开始在微软工作。他在微软公司待了10年，创立了一种结果文化，其中主要的衡量因素是利润——他成功地做到了这一点,在担任执行副总裁兼首席运营官的7年间,他使微软的利润增长了7倍。

他是如何创造出一种以利润为主要因素的成功的结果文化的呢?后来,当被问及他在这家信息巨头的经历时,赫博尔德用两个简单的词回答:"创造力和纪律,这是盈利能力的两个关键驱动因素。"他解释道:"纪律过于严明意味着没有创造力,一个极具创造力的企业很难做到纪律严明。显然,你需要正确地平衡它们之间的关系。"一方面,他更严格地组织了公司的会计和信息技术系统,这使成本得以降低;另一方面,他还针对开发产品和服务的领域制定了灵活的指导方针,以拓展客户并使公司受益。通过在严格的纪律和灵活的创造力之间建立平衡,赫博尔德建立起一种利用创新提高盈利能力的文化,这也是公司最终的目标。实际上,结果文化意味着在文化中调整一切,以达到某些预期的结果。

▶ 主人翁文化 ◀

我们不喜欢"高管"或"专业人士"这类词语,我们喜欢"主人翁"这个词。为什么呢?因为主人会做出更好的决策,因为这是他们的公司。"这是我的公司,我将承担后果。"很多公司从市场上雇用员工,这是一条捷径。当然,也许他有10年的经验,但是这个人有着不同的价值观和不同的文化，结果花了20年时间建造的成果被稀释，这并不是解决问题的方法。

——卡洛斯·薄睿拓

薄睿拓最初因其在百威英博的业绩而成为著名的CEO，这一业绩主要包括：2012年该公司的利润率为39%，超过2008年的31%，而它的主要竞争对手南非米勒啤酒公司的息税折旧及摊销前利润为23%，[2] 后来薄睿拓的"主人翁文化"概念使得他被广为称赞。在这种文化中，重点是心态，是人们如何做每一件事。为了描述这种文化，薄睿拓使用了车主和租车人所表现出的不同行为的例子：租车人往往对车子不太在意，但车主在开车时通常会更加小心。根据薄睿拓的说法，这就是拥有传统意义上的员工和那些觉得自己"拥有"公司的员工之间的区别：

> 如果一个员工对待公司就像对待租来的汽车一样，他不会喜欢它。因此，创造这种主人翁意识将促使员工在做决策时考虑到公司的利益，而不是他的个人利益。

如果我能够让组织中的所有成员自上而下地履行他们的职责，同时对组织里发生的一切负有责任感，那么我将创造一种强大的文化。薄睿拓解释说，为了做到这一点，你必须和你的员工一起工作，由此产生一种归属感，而这种归属感伴随着对整体的责任感。

像老板一样思考

显然，在一个崇尚主人翁文化的公司里，每一个员工都必须像老板一样思考和行动。也就是说，对公司感兴趣并负责任，就好像公司是他自己的一样。如果你想让员工像老板一样行事，他们必须得像老板一样思考。以下是你该做的几个方面。

老板着眼于大局，并承担责任

老板看到了全局，并且能够认识到所有的部分都服务于整个组织。如果老板看到地板上有一张纸，他不会想"我不负责捡起那张纸"。如果他看到一个悲伤的员工或者一个没有秩序的浴室，他不会想"我要让其他人来负责"。为什么？因为他要对一切负责，尽管他最终不得不委派一些责任。

实际上，我认为在鼓励构建主人翁文化的时候，职位描述实际上可能是最有害的管理工具之一。因为一方面，在定义"我的小花园"时，员工排除了其他一切。他们强烈地进行自我暗示，在我明确定义的"小花园"之外发生的一切都与我无关。另一方面，老板没有职位描述或私人"花园"需要照顾，因为他的职责跨越了整个企业或公司。

是的，一个组织可能会决定由某些人负责解决某些问题或执行某些任务，但是识别和评估这些问题和任务的责任不应仅限于一个人或一个部门。这就是为什么我认为从一种新的、非正统的方式理解职位描述十分重要，而这种方式是指职位描述定义的是一个员工必须去"做"的事，但所有员工都应该为组织的发展提供建议，同时也应该避免发生一些问题。

老板有长远的眼光

老板总会有着长远的眼光，因为他们将不得不处理未来面对的结果。相比之下，员工通常会专注于他们的决策在其负责期间带来的影响，这意味着他们通常会有短期或中期的期望，并做出短期或中期的选择，尤其是当他们不会长久地在某个公司工作时，这种情况更加明显。我一次又一次地看到跨国公司的高管——他们只是高薪雇员——就投资、支出和招聘做出短期决策，这些人只在同一个职位工作了两三年就去新的国家或地区工作，他们只担心自己工作期间这些决策对公司产生的影响，而忽视了未来对公司的影响。在主人翁文化中，所有员工都会竭尽所能，以长远的眼光来考虑问题。

老板有超越标准程序的灵活性

老板不像雇员那样严格定义行为准则和程序，为了取悦顾客，他们可以更加灵活。例如，如果顾客在餐馆的午餐服务时间结束5分钟后光顾，老板会让他等一下，看看能给他提供什么，而不是告诉他厨房已经关门了。老板之所以这么做是因为他知道尽管规定存在，但是如果你想在客户服务方面保持高标准并获得更高的利润，你有时需要超越规定。回想一下西南航空公司的例子和租用公共汽车的员工。

当然，也有很多员工表现得像老板的例子。在一次去哥伦比亚波哥大的旅行中，我到达了喜来登酒店，并到前台办理入住手续。当一个服务员端着一盘饮料走过来并对我说"欢迎光临！你想喝杯柠檬水吗？"的时候，我非常惊讶。无论是出于服务员的个人主动性，还是老板对他下达的文化指令，该服务员都表现出了典型的主人式的欢迎行为。这件事肯定会得到薄睿拓的认可，因为这是他"主人翁文化"的具体表现。在这里，服务员扮演了主人翁的角色，以确保顾客满意，并为整个酒店的成功做出了贡献。

老板关心结果和价值创造

考虑全局、长期结果和对客户保持灵活性的后果之一就是，老板会非常清楚该如何创造价值，以及哪些行为会导致哪些结果。老板知道每项工作实际上是一个更大的工作链中的一个环节，所以他必须了解一项工作如何与其他工作相整合并转化成给客户的结果和价值。在理想的主人翁文化中，员工应该表现得像老板一样，在整个生产过程中展现出对其工作与他人关系的类似熟悉，从而创造价值和结果。

▶ 创新文化 ◀

如果创新是重要的，我们必须衡量它。所以我说："好吧，我们实际上要衡量创新。"我们可以用各种方法衡量它，其中一种方法就是专利生产。当我离开公司的时候，我们每天产生11项专利。我们甚至从世界创新者Top 25名单之外跻身世界第三。这对一家科技公司来说十分重要。

——卡莉·菲奥莉娜

从企业的角度来看，创新似乎是一个企业的现代圣杯或永葆青春的秘诀。记住了这一目标，我们就知道很多管理方面的研究都把新产品、新服务、新商业模式的流程控制作为关键变量，由此获得创新。

我同意"所有组织必须创新"这个说法，但我认为持续创新的关键不在于过程，而在于文化。真正的关键在于创造一种创新文化，因为文化不仅包括创新过程的形成，还会给组织注入一种精神，一种更加广泛、有效、持久地对创新产生影响的价值观和行为。

世界著名的创造力专家肯·罗宾逊爵士也认识到创造一种文化对促进创新的重要性。他说：

> 伟大的领导者认识到，如果你想鼓励创造和创新，你必须培养人才，因为你作为一个领导者，并不需要拥有所有的想法，而是要创建一种文化，让每个人都拥有这些想法，然后鼓励他们提出这些想法，最终对这些想法进行评判。

那么，是什么让一种文化具有创新性呢？为了确定哪些价值观和行为构成了成功的创新组织文化，让我们来看一个例子：宝洁公司——世界上最强大的公司之一。

2010年，我在洛克菲勒中心采访了宝洁公司的执行主席雷富礼，他同时也是公司的前主席、总裁和CEO。他告诉我，他在2000年成为公司CEO之前，公司只有15%~20%的产品和服务是成功的，这意味着每售出6个产品，只有1个产品能让消费者满意。在饱和的市场中发展一个已经很庞大的公司不是一件容易的事情，纠正这些令人失望的结果几乎是不可能的。因此，当雷富礼成为CEO时，他将创新文化作为他计划的核心组成部分，用以产生结果和刺激增长。

雷富礼让宝洁公司高效、积极的员工知道"消费者是老板"，并确保他们真正遵守公司的使命，这一使命已经牢牢扎根于创新："每天用微小而有意义的方式改善更多消费者的生活。"他确保每个人都明白，创新不仅针对工程师和产品开发人员，也针对每一个人。从研发部门到客户服务、会计以及财务部门，创新适用于企业的各个层面。

宝洁公司意识到创新来自提议和想法，而这些提议和想法又来自人。因此，组织必须为其员工提供一种环境鼓励他们提出问题、开发想法，然后通过适当的程序和能力将其转变为新业务。这种环境必须激发创造力的关键行为，就像培养好奇心和进取精神一样，它必须重视知识、背景和观点的多样性。支持创新的环境也必须建立在信任的基础上，这是协作的基础，因为创新是团队合作的结果。

宝洁公司建立了开放的创新实践，开发和利用公司里每个人的技能，并在自身之外找到了增强自身优势的合作伙伴——"连接+发展"。此外，在招聘和内部专业发展方面，它都专注于软变量，如敏捷性、灵活性、同理心和情商，使发展和成长成为员工生活的一部分，从而增加他们对消费者的期望和需求的理解。

在雷富礼的创新文化兴起后，在80多个国家拥有12万名员工的宝洁公司成功地降低了研发投资费用（2007年从4.5%降至2.8%），增加了收入，并让每一美元的投资获得了更多价值。事实上，在雷富礼的管理下，宝洁公司得以将其最初的产品和服务的成功率从15%~20%提升至50%，这清楚地证明了创新文化的最重要因素之一是开放、完全集成的环境，在这样的环境中，发明和改进才得以蓬勃发展。此外，尽管雷富礼认为他和他的员工有能力进一步提高这个比例，但他不希望宝洁公司成为自己目标的奴隶，所以他最终选择了"安全"的决定，以避免失败的风险。正如他所说的那样，这"将会降低我们做出改变的能力"。他意识到创新需要一个人去接受失败的风险。

事实上，最重要的是，一家公司为了创新必须承担风险，犯错误，从错误中吸取教训，犯更多的错误，等等。是的，鼓励创造和创新意味着容忍甚至接受"错误"，这是该过程中十分必要的一步，我们应该认识到这是所有学习的起点。如果我们不允许犯错，或者犯错之后遭到惩罚甚至干脆避免犯错，那么创新绝对不可能出现，因为它缺乏发展所需的环境。例如，在最近的一次德国之行中，我与一群高管交谈过，他们说："我们在西门子面临的最大挑战是创新。因为公司有一种工程文化，所以每个人从一开始就试图做'正确'的事情，这对创新是不利的。"相比之下，对创新型公司而言，产品和服务总是处于试验模式：经过测试，错误出现，公司从这些错误中吸取教训，纠正错误，然后重新开始。如果不能容忍试验和错误，就不会有创新。

肯·罗宾逊曾经告诉我，他的一个朋友获得了诺贝尔化学奖。

这位朋友说他 98% 的实验都失败了，在提到这个数字时，"失败"一词并不准确，因为当你在寻找一些还不存在的东西时，你会不断地尝试看看哪些有用，哪些没用。肯·罗宾逊解释说，允许失败是鼓励创新的一个非常重要的部分，所以"当你发现自己身处害怕失败的公司文化中时，你的创新和创造性思维就会开始受到阻碍"。

正如皮克斯和华特迪士尼动画工作室的联合创始人兼总裁艾德·卡特姆在《创新公司：皮克斯的启示》一书中所说："宁可解决问题，也不阻止问题。"迈克尔·艾斯纳在迪士尼公司担任了长达 21 年的 CEO，让迪士尼从一个卡通公司转变为一个媒体集团，他的成功包括与皮克斯合作制作了独具开拓性的热门影片《玩具总动员》，他对此表示赞同，并坚持认为，想要取得成功，你必须"愿意与失败共舞"。

皮克斯

让我们再来仔细地看看皮克斯——近年来最具创新性的公司之一。皮克斯的创始人分享了他创作第一部电脑动画电影时的梦想，自从 1995 年的《玩具总动员》实现了这个梦想，皮克斯不仅重新定义了动画领域，重塑了动画产业，还将自己变成了一种商业范式。它制作的所有动画电影都获得了巨大的成功。世界各地的人们都梦想着进入这个创造出《海底总动员》《飞屋环游记》

《怪兽电力公司》和《超人总动员》的神奇世界，进入这家拥有最先进技术与无限创造力的企业。那么，皮克斯创新的秘诀是什么呢？产生这些创新战果的文化是什么呢？

和宝洁公司一样，皮克斯的创新文化建立在其不断从错误中吸取教训来应对风险的能力，对广泛、开放、基于信任的合作的关注，以及对它的员工表现出真正关心的软变量的投入之上。

在皮克斯狂热的创新文化的核心，我们肯定会发现一种"与失败共舞"的意愿。在皮克斯，管理层的工作绝对不是防止风险，而是建立起在失败发生时快速恢复的能力。电影《美食总动员》的主角是一只渴望成为厨师的法国老鼠，这部电影的创新是如此大胆且疯狂，以至于没人知道它是否会成功。皮克斯希望观众每次去电影院时都能获得新的体验，而与这种新奇的做法相伴的是艺术和技术风险。"作为高管，我们必须抵制自己避免或减少风险的天性"，卡特姆在《哈佛商业评论》的一篇文章中写道，"如果你想要成为独创者，即使非常困难你也必须接受不确定性，并且有能力在你的组织面对风险和失败时快速恢复"。[3]

"快速恢复的关键是什么？"卡特姆在思考创意风险时问道，"是人才。"与大多数人对这种公司的想象不同，皮克斯的成功并非建立在尖端技术或者一些古怪的创意天才的基础上。这位动画电影制作人令人印象深刻的成功及其创新文化的关键在于他对人的独特方式。皮克斯大学前院长兰迪·纳尔逊坚持认为公司希望培养人才："我们已经从以创意为中心的企业，转变为以人为本的企业……我们正在努力创造一种学习文化，让每个员工都可以终身学习。"[4]

这种促进学习、推广兴趣的文化在皮克斯公司有着非常实际的应用，在那里，合作是游戏的名字。人们普遍认为电影源自一两个想法，但卡特姆强调了这一切都与高效合作有关。任何一部电影都是由成千上万的想法组成的，这些想法体现在剧本的每一行、每个人物和背景的设计、每个镜头的角度以及色彩、灯光和节奏。因此，"所有的想法并不是仅仅由导演和创意负责人提出的，而是由200~250人组成的制作团队中的所有成员共同提出的"。[5]

因为员工的意见代表着不同的观点，而这些观点往往是互补的，所以皮克斯鼓励每个人都发表自己的意见，并且员工有时也被邀请参与公司不同领域的决策过程。最后，皮克斯得以确保其员工有能力和机会有效地参与开发想法、解决问题的团队。

这种高度的协作需要信任和尊重。说真话必须是安全的，犯错误并从错误中吸取教训也必须是安全的。卡特姆在发表在《哈佛商业评论》的文章中指出，皮克斯将协作置于竞争之上，因为公司认为一群人相互敞开心扉并作为一个团队共同努力，比一些天才单打独斗更重要。皮克斯通过强调人际关系和建立强烈的团队意识来培养创新。

皮克斯发展这种团队意识和创新能力的关键是其对员工福祉的关怀。例如，皮克斯的管理人员试图在员工的工作和个人生活之间建立一种平衡。他们意识到，动画电影的制作需要员工耗时几个月的绝对奉献，因此公司通过特殊的假期和专门的娱乐时间对员工进行弥补。

皮克斯的例子向我们展示了一种成功的创新文化的价值观和行为，这种文化由一个强大的团队构成，团队成员公开合作以实现公司的愿景，而不用担心风险或错误，因为关怀已经构建起了一个信任和安全的平台。

▶ 亚文化的存在 ◀

当然，除了更伟大的组织文化，每个公司都有多种亚文化，这些亚文化是因不同部门的背景、功能、挑战和梦想而产生的。同一组织的不同部门应该有相同的价值观，组织的价值观不应该随着时间的推移而改变，因为它们是定义和统一公司的东西。然而，不同的部门可以有不同的战略行为。也就是说，公司的价值观体现在哪些具体的行为上可能因部门而异，这取决于部门在组织内的特定角色。

我能想到的最典型的亚文化的例子是，在上一章中，赫布·凯莱赫烧毁了西南航空公司 500 页的客户服务部门手册，并将其换成了一页指南。在这一过程中，公司试图鼓励该部门员工提高个人责任感、主动性、创造性和个人判断力，而这个部门的作用也是西南航空公司将自己作为优质服务提供者的愿景的核心。然而，在同一家公司，维修部门必须遵守严格的协议和长达500页的手册。这是否意味着这两个部门有两种不同的文化？不，它们有着两种不同的亚文化。它们有着相同的价值观和组织愿景，但不同的行为对应着两种不同的职能，就像会计部门也有自己的文化一样。

无论是会计部门、客户服务部门还是维修部门，为了让你的员工接受你的组织文化，你必须确保他们理解你的组织文化，并且理解你是通过深思熟虑才构建出这样的文化的。

文化计划

在大多数情况下，我认为我的角色是为公司制定战略，但同时也是创造一种文化，让真正有才华的人愿意来这里工作，并且会做得很好。

——克里斯蒂·赫夫纳

当我周游世界分享我所学到的经验时，我注意到每个人都有一个战略计划，清楚地定义了他们将如何竞争，以及他们对所有硬变量的立场。然而，我很少发现有公司对构成其组织文化的维度有着明确的理解。正如我们在这本书的开头所说的，文化很难被看到和被定义，这可能就是为什么人们没有花时间去识别它、理解它，最重要的是确保每个人都能追随它。然而，如果你没有"可承诺的核心价值观"——你雇用或解雇员工所依据的价值观和行为，如果你不花时间和精力去管理你的文化，文化最终会消失，你的员工最终会注意力不集中且始终无法实现你的目标。所以，要想真正拥有一种能使结果倍增的文化，你需要投入大量的时间和资源去理解文化、塑造文化，并让它指引你的生活，我将其称为文化计划。文化计划是定义、建立和管理公司组织文化的工具。

你怎么做到这一点？有一件事你不应该做，那就是浅尝辄止，例如只是从我们探索过的不同组织文化中借用一些东西，或者模仿知名 CEO 选择的价值观和行为，而这些 CEO 的特殊文化造就了企业的成功。成功的秘诀不在于复制其他领导者的所作所为，而在于选择与你公司已经确定的目标或将要确定的目标密切相关的价值观和行为。是的，通过创建文化计划来建立文化就是选择那些能让你的公司实现目标的价值观和行为。

制订文化计划的第一步是审查并定义构成你已有文化或预期文化的所有元素。

请花点时间思考以下问题。

- 公司的愿景和目标是什么？组织中的所有成员都有相同的梦想吗？是这些梦想让他们每天早起吗？
- 我想接受什么样的价值观和行为？我的组织或团队中的成员知道如何将这些价值观付诸行动吗？
- 我是否认同、沟通和奖励了那些让我能够实现价值主张和执行战略的战略行为？
- 我的品牌是否准确地代表了价值主张？我的品牌代表什么？
- 在我的公司里，我需要培养什么样的价值观和行为才能兑现品牌和品牌背后的文化所代表的承诺？
- 像坦率和守信这样的价值观能促进沟通和建立信任吗？

最重要的是，答案必须真实，因为只有这样，当从这些答案中提炼出来的结果被编纂成册时，当被问到"公司的价值观和战略行为是什么"时，组织中的任何成员才能做出清晰而自发的答复。

与公司文化计划的创建和发展同样重要的是你与公司的价值观和行为的关系。也就是说，构成文化计划的组织价值观和行为必须与领导者的价值观相一致。为了发现自己的价值观，以及你可能接受或希望创建的文化价值观或行为，你可以采纳谢家华的建议：

> 要想知道你真正拥有的价值观，列出你喜欢与之共事的人和不喜欢与之共事的人的名单。在每个名字的后面写下你喜欢或不喜欢与此人共事的原因。这样，你将获得一份你的价值观清单。

除了谢家华提供的名单，我还建议你问以下几个问题。

- 这个组织为什么存在？我也有同样的梦想吗？
- 我是否认同驱动这个组织的价值观？
- 这种组织文化适合我吗？我的性格适合这种文化吗？
- 我最喜欢做什么？我在哪里最能发挥我的潜力？
- 为什么我每天早起去上班？
- 当我早上起床的时候，我是否为在组织中工作感到自豪、投入和快乐？
- 我能做些什么才能使组织文化成为现实？

为什么制订一个真正的、全面的、有效的文化计划如此重要，以至于组织、领导者以及员工的价值观和行为都应保持一致？因为创造和管理文化不是制造机械的、记忆的反应。相反，它要求领导者和其他成员按照这些标准生活，并在日常活动中将这些标准表达出来。你只需要感受这些价值观并体现这些行为。事实上，对领导者来说，确保企业文化充分发挥其潜力的唯一途径就是日复一日地成为榜样，积极捍卫组织的价值观和战略行为。阿米娜·恩斯特-迈内克是文化咨询公司企业激情的创始人，她总结得很好：

> 文化是由实际做事的方式创造的，而不是产生于写在墙上或演讲中的内容。一致性是至关重要的。如果你宣扬CEO应该保有尊重，但是如果公司的CEO在面试中使用手机查看邮件，这传递出的信息就不是尊重。人类对真正发生的事情有一种神秘的"感应"：什么是真正的奖励？如何对待错误？决策是如何制定的？谁有发言权？我们如何沟通？所有这些对我们团队的执行能力意味着什么？一群人每天起床为同一个雇主工作是出于同样的原因吗？

只有当你"言出必行"的时候，你才能创造出积极的心态和情绪，从而取得骄人的成绩，并将其纳入你的文化计划。

此外，如果你是管理团队中的一员，你需要确保你的文化计划和它所暗示的一切都深深地嵌入你的管理系统。

在管理系统中嵌入文化

当组织发展壮大时,建立文化委员会来传播文化,并使文化的火种不断燃烧,以及不断地尊重和奖励优秀员工,将他们作为其他员工的榜样,让其他员工向他们学习。

——赫布·凯莱赫

一旦确定了你将用来定义文化的标准和价值观,你就要确保其成为管理系统的一部分,并将它们付诸实践,使其逐渐成为日常商业文化的一部分,并且确保你已经定义了持续监控它们的所有方法。以下是一些基本的指导方针,它们将帮助你实施和管理你的组织文化。

- 正如我们之前强调的那样,公司的所有成员,尤其是高层管理人员,都应该致力于组织的价值观和标准,正如他们的模范行为所证明的那样。如果领导者不遵守组织的价值观和宗旨,那么其他人也不会遵守。
- 确保你的价值观是正式的,并使其成为与人们相关的程序和过程的一部分。再看看你的招聘、评估、晋升和解雇政策,包括奖励和奖金。你的价值观必须出现在餐厅、走廊和公司的每个角落,并成为决策过程中所有标准的一部分。

- 通过创造开放的交流场所，确保信息能够四处传播。培养建立信任的实践，例如坦诚沟通和信守承诺。
- 文化体现在庆祝活动中：我们庆祝什么？我们奖励什么？
- 建立文化委员会，使组织内的小团体通过各种各样的行动来增强文化。
- 所有的培训项目都应该与公司的价值观相一致。

关于该列表中的工具，我想强调招聘和解雇人员的重要性，因为这两个过程对创造文化和确保该文化的价值观和态度始终根植于企业有着重大影响。

▶ 招聘：如何招到"蜂王" ◀

为了说明文化和文化计划在招聘中的重要性，请考虑这一点：如果企业无法对自身文化的要素进行概念化和表达，它们就不会一直聘用代表这种文化的人，也不能成功地将人才融入它们的文化。

以招聘高管时的文化不相容这一众所周知的重大问题为例，很多时候，一家公司里非常成功的高管在被另一家公司雇用的几个月内就会惨遭失败。出现这种现象的原因不在于个人的专业能力，而在于文化。简单地说，每一方——高管和组织——都有自己的文化，只有其中一方能够完好无损地存活下来。这听起来很激烈，但也许没有你想的那么夸张。

2011年收入为7.5亿美元的阿根廷农业综合企业莱德斯玛公司的首席运营官米格尔·阿斯卡拉特[6]曾告诉我，他的父亲是一位经验丰富的养蜂人，他父亲曾说过，当蜂王死亡或停止生产时，它必须被取代。虽然买一只新的蜂王很容易，但是如果养蜂人直接把它放在蜂箱里，其他的蜜蜂就会对它的外来气味做出反应，并攻击它直到它死去。

为了防止这种情况发生，养蜂人做了一个烟盒大小的小木块。蜂王被放置在小木块中心的一个直径为1英寸[①]的孔中，然后被两层薄薄的多孔材料覆盖，从而起到保护蜂王的作用，同时允许空气的流动。在这个木制装置的一侧，一个直径为4毫米的小洞一直钻到中心孔，然后用蜡填满。一旦蜂王被安置在里面，其他的蜜蜂就会试图攻击它，不过由于多孔材料的存在，它们不能伤害到蜂王，但会从4毫米宽的管道中将蜡挖出。在90%的情况下，蜜蜂到达中心孔需要一周多的时间，在这期间蜂王已经接受了其他蜜蜂的气味，于是蜂群就把它当成了蜂王。在剩下的10%的情况下，蜂王没有融合其他蜜蜂的气味，因此它就会被蜂群杀死。

---

① 1英寸=2.54厘米。——编者注

如果无法接受新蜂巢的文化，就像蜂王保持其陌生的气味一样，这些聪明的高管就无法成为团队的一员，并被同事排斥，最终可能导致失败和被解雇。无论是新蜂王、新型 CEO，还是基层管理者，当一个人不按照组织文化行事时，他就会引起同事的一系列反应，最终被组织开除。

如果你将招聘和解雇作为塑造文化最有效的方法之一，那么你应该怎样识别候选人具有与公司同样的价值观和行为？你怎样确保他们能顺利地融入公司？如果组织希望找到具有相似价值观的候选人，并让新员工以一种持久而有意义的方式接受这种文化，那么他们必须每天通过这些元素进行交流和生活，他们必须清楚并体现这种文化。如果不这样做，他们就会不断地为"蜂王"挖掘墓地。同样地，如果一个人不按照你所在组织的价值观和行为行事，那么你就应该解雇他，这样组织里的其他人才会知道你的价值观是真实的、可信赖的，你是言行一致的。这时，清晰明了和言行一致是关键。

因为你想要雇用那些自然而然地分享构成你的组织文化的价值观和期望行为的人，所以在雇用和解雇过程中测试候选人对公司愿景、价值观、信任和战略行为是否尊重和具有亲和力就显得十分重要。

在采访谢家华时，我请他告诉我 Zappos 的招聘流程。他说，公司存在两种问题：第一，人力资源部门对候选人能否胜任职务提出疑问；第二，其他的问题集中在公司的 10 个核心价值观上。它们被称为"可承诺的价值观"，公司基于这些价值观对员工进行聘用或解雇，而不考虑他们的专业表现如何。每次工作面试和每年的绩效评估都采用了这些标准。

我对此很感兴趣，于是我问："家华，其中一个价值观就是谦逊。你如何测试一个候选人是否拥有这种特质呢？你只是问'先生，你谦虚吗'？"他笑着说："不，我们不会问这样的问题。"他接着说：

> 当候选人到达我们的中心办公室时，他们会从停车场乘坐班车到主楼，在这个过程中我们将对他们进行测试。当他们离开的时候，我们会打电话询问班车司机：那个候选人是怎么对待你的？他对你的态度好吗？如果这个人没有按照我们的价值观行事，我们就不会雇用他。通过这种方式，我们已经拒绝了对我们来说非常重要的软件程序员，因为他没有我们期待的谦虚态度。

你能想象一个在线零售巨头仅仅因为一位顶级程序员对班车司机态度不好而拒绝他吗？这个看似简单的例子表明，世界上最成功的公司现在正以非同寻常的认真态度扮演着文化的角色。它可以成就事业，也可以毁掉公司。如果一种文化非常受到尊重并且得到人们真诚的践行，那么这就不是一种"乐于拥有"的态度，而是取得非凡成功的秘诀。

▶ 成功的关键是解雇你的"业绩巨星" ◀

与谢家华的对话让我想到了另一个关键点，我将其总结为：成功的关键是解雇你的"业绩巨星"。事实上，在谢家华看来，当公司仅仅因为其不按照公司的价值观行事而解雇符合它所有量化目标的员工或经理时，它的文化将通过"严峻的考验"。只有当你愿意这样做的时候，员工才会相信公司的文化和价值观不仅仅是大厅里的一块儿牌匾或者一份被放在抽屉里的文件。

杰克·韦尔奇在解雇那些符合要求但行为不符合公司文化价值观的员工时，有力且明确地阐述了同样的观点：

> 开除他，把他的行为公之于众！不要说他离开公司是为了花更多的时间和家人待在一起。

韦尔奇的员工绩效评估系统依赖于两个方面：一是员工是否达到业务目标，二是他们是否遵循了公司的文化和价值观。如图7-1所示，韦尔奇用纵轴代表遵循公司价值观的情况，而横轴代表实现量化的业务目标。

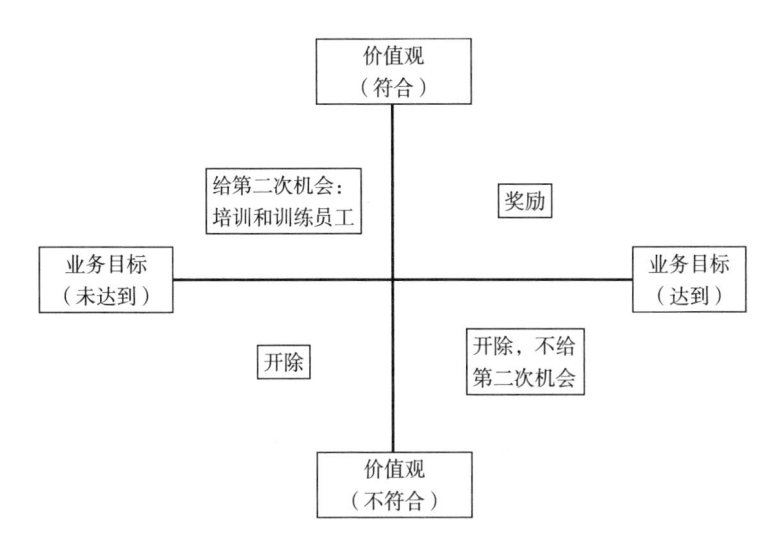

```
                    ┌──────────┐
                    │  价值观   │
                    │ （符合）  │
                    └──────────┘
                         │
      ┌──────────────┐   │
      │给第二次机会： │   │   ┌────┐
      │培训和训练员工 │   │   │奖励│
      └──────────────┘   │   └────┘
┌──────────┐             │             ┌──────────┐
│ 业务目标 │─────────────┼─────────────│ 业务目标 │
│ （未达到）│             │             │ （达到） │
└──────────┘             │             └──────────┘
          ┌────┐         │   ┌──────────┐
          │开除│         │   │开除，不给│
          └────┘         │   │第二次机会│
                         │   └──────────┘
                    ┌──────────┐
                    │  价值观   │
                    │ （不符合）│
                    └──────────┘
```

图 7-1 员工绩效评估系统

这些标准构成了 4 个不同的象限，并将员工分为 4 种不同的类型，从一流到落后不等。对第一象限和第三象限的评价很容易：在第一象限中，实现这两个目标的人都是一流的员工，他们应该得到奖金、晋升、鼓励和其他荣誉；在第三象限中，那些既没有达到业务目标，也不符合公司价值观的人应该被解雇。

在第二象限中，当员工没有达到业务目标但符合公司价值观时，这种情况稍微复杂一些。根据韦尔奇在通用电气任职期间制定的人力资源政策，领导者应该给未达到业务目标但符合公司价值观的员工第二次机会，因为这些员工更容易提升业绩，某次业务目标未完成可能是由偶然原因造成的。此外，他们即使不能显著地提高业绩，也不会破坏公司文化。对管理层来说，强调文化和价值观是很重要的，而遵循这种文化和价值观也许比取得业绩更重要。最后，第四象限的人是那些达到业务目标但不符合公司价值观的人，这些人应该被解雇，不再有第二次机会。因为，如果你让那些没有价值观、只给你带来额外收益或丰厚利润的员工留下，你就是在大肆宣扬你不信任自己创建的文化。针对那些超越销售目标但不遵守公司价值观和行为的商业总监，每个人都想知道你是怎么处理他们的。

请记住，文化给予每个人一种使命感、自豪感、奉献感、参与感、信任感和归属感。当你看到那些高层老板以业绩为靠山把公司文化背后的价值观和行为践踏得一文不值的时候，你会感受到多么强烈的积极情绪吗？如果老板这么做了，他们会说他们更看重的是业绩，而不是人和文化。显然，我已经努力证明了这是一种多么失败的策略。请记住，文化会让结果成倍增加。一个光有业绩的人无法弥补他缺失的文化，所以只能解雇他。如果你不采取这些必要的步骤，人们就会意识到你的价值观只不过是没有实际效果的空话，他们将不再相信那些指导思想。如果你真的相信文化的变革力量，你甚至会愿意解雇你的"业绩巨星"，从而在团队的其他成员中建立起信任和承诺。

▶ 监控文化管理：控制面板 ◀

一旦一家公司将其文化元素融入其绩效评估体系以及雇用和解雇实践，它将真正开始管理其文化。如果我作为一个领导者，不去衡量我希望在我公司中看到的价值观和行为，那么公司的员工就不太可能重视并遵守它们。相反，如果我经常衡量和监控它们，我的员工就会自然而然地开始遵循这些行为准则。因此，就像处理任何重要项目一样，你必须建立一个领导控制面板，它将与损益表或关键绩效指标表一样必要。你应该选择 5~10 个价值观和战略行为来构成核心评价因素，但也要认识到其他必要的因素。事实上，只有当你确定和衡量了这本书中提到的所有相关问题和变量——从组织目标、价值观、行为以及培养每个人的最佳潜能，到建立信任并确保进行合适的沟通和决策实践，你才能管理并增强你的文化，最终发挥其全部潜能。我还建议把更多的注意力放在高层管理人员身上，然后再转向中层管理人员。如果高层管理者遵循公司文化，他们的下属很快也会这样做。

总之，领导者的第五个角色是定义、理解、建立和管理你的组织文化。制订文化计划是成功创建强大组织文化的关键。我希望通过展示从目标驱动型到创新型不同类型的文化，以及对自己有关梦想、价值观和行为的关键提问，能够让你更好地定义自己的文化元素，并懂得如何规划一种新的文化。我还希望你能意识到将你的文化元素融入从招聘到绩效评估这一传统管理系统的必要性。只有使用了包括领导控制面板在内的所有可用的管理工具，组织中的每一个成员才会体现你的文化，并且感受到文化激发个人提升业绩的火焰。请记住，文化与情绪息息相关。所以，为了检验你是否在扮演创造和管理文化的角色，我想请你问问自己以下问题：

> 你是否感到自豪、投入和快乐？你的员工也是吗？

第八章

首席情绪官的技能和特质

你如何创建与在那里工作的员工一样有人性的公司?

——加里·哈默

▲ 领导力

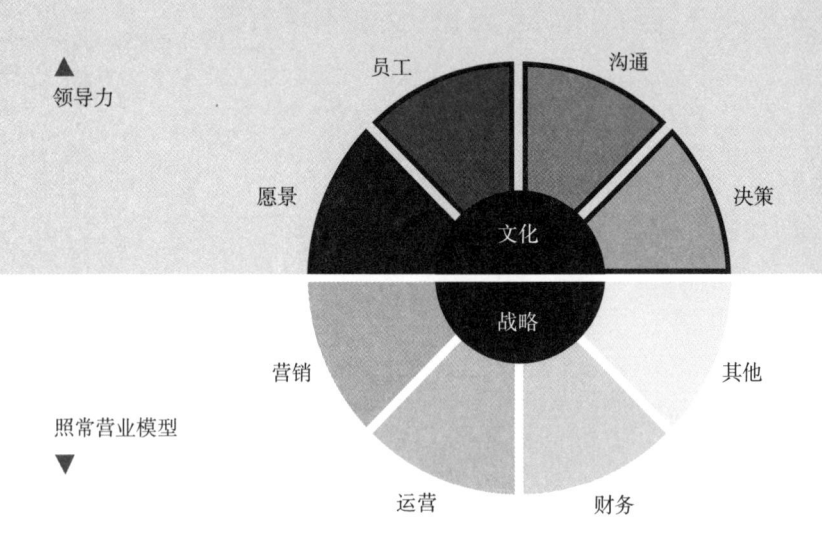

员工　沟通
愿景　　决策
文化
战略
营销　　其他
运营　财务

照常营业模型
▼

集成的管理模式

我们已经了解了首席情绪官的 5 个关键角色，以及在有效使用这些角色时它们将如何培养出积极的情绪和行为，从而大大提高个人和团队的表现并使文化结果倍增，那么一个人为了成功地扮演首席情绪官的角色，他应该问问自己必须具备哪些特质。我们需要了解你必须是什么样的人，或者你必须成为什么样的人，以便执行每一个角色所涉及的行动，并充分发挥你作为首席情绪官的潜力。

让我们简单回顾一下第二章的内容和构成完整的首席情绪官角色的两部分图形，我想我们现在可以完全理解双重框架了。

首席情绪官这一角色不仅要处理日常事务、控制硬变量、制定战略，还要将其与领导者的5个关键角色结合起来，以激发人们的热情，点燃人们的灵魂。我们可以通过识别关键的个体杠杆来理解双重框架，但我们要知道它们是紧密交织和相互关联的。尽管文化长期被忽视的地位意味着人们应该更加关注文化的好处（以及对文化至关重要的情绪内容），但战略和文化是领导者推动整个组织走向成功并使其员工获得更高成就的双引擎。

现在的问题是，你需要哪些技能和特质来更好地履行这5个角色，所以在接下来的篇幅中，我们将识别并分析优秀领导者的一些关键特质、技能和特点。第一，领导者必须具备处理周围事物的某些特质：基本的人文主义，对未知事物的谦逊，探索世界的好奇心，不断学习的意愿，以及尝试新事物的想象力和自信心。第二，他们还必须具备与他人相处的技能，尤其是同理心和敏感性。第三，领导者必须学会用深思熟虑、平衡和良好的判断力来处理矛盾。第四，大多数领导者都在寻找他们自己在团队成员身上具有的特质。第五，我坚持认为，你可以将领导力的培养过程视为个人和精神成长的道路，以此来培养你的领导技能。事实上，我认为领导者应该冒险进入这个提高领导技能的奇妙旅程，认识到这是一条个人和精神成长的道路，需要真实和重要的自我认知。当你改变自己时，你就真的改变了你的所作所为。

一般个人特征

在我和知名商界人士交谈的过程中，我经常问他们在商业上取得成功的关键——不是他们各自的公司如何取得成功，而是他们认为哪些因素是帮助他们实现个人目标的关键因素。

▶ 同理心和理解力：以人为本 ◀

尽管这似乎有别于传统智慧，但对于"在商业上取得成功的关键"这一问题，最常见也最令人惊讶的回答之一是"我的人文背景"。赫布·凯莱赫在西南航空公司达拉斯总部的办公室接受采访时就是这样回答的。他告诉了我一些他的成长经历："我妈妈给我提供了人文背景，然后我学的是法律，而不是商业。"他相信人文背景和教育帮助他建立了以人为本的原则：

> 我的人文背景对我非常有帮助，因为它教会我人类的重要性。如果我有办法，我就会让每个人在获得其他学位之前都先拿到艺术学位。

有趣的是，有人会说这种个人特质之所以在西南航空公司的成功中发挥了重要作用，是因为它成了公司的首要价值观。

在另一个不同的场合，当我们穿过迈克尔·艾斯纳位于马里布的美丽庄园时，他承认："我成功的关键是我的人文主义教育。"同样的话，同样的想法。艾斯纳年轻时放弃了医学预科的学习，转而选择英国文学和戏剧，最终毕业于俄亥俄州的一所小型文理学院，并获得了英语学士学位。我发现了一件有趣的事情，艾斯纳是将电视和电影作为一个庞大的企业进行全面扩张的最大力量之一——他赚取了数亿美元，同时他取得了文科学位，并将他在商业和领导方面的巨大成功归功于教育原则。

然而，在我看来，最能说明人文学科背景在商业领域中的重要性的是雷富礼的故事。他在宝洁公司担任 CEO 期间，宝洁公司的市值翻了一番，成为全球最有价值的十大品牌之一。人们可能会认为，这一壮举源于他对商业、工商管理和财务管理技术的精通，但雷富礼在本科期间获得的是文科学位，专注于历史和文学。直到 35 岁左右，他才决定攻读 MBA。

我对这一学术背景很感兴趣，我问他作为 CEO，文科学位和工商管理硕士学位哪一个对他更有价值。雷富礼大笑着说：

> 坦率地说，作为 CEO，我认为我的文科教育和广泛的教育背景更有价值，这包括对古代历史、文艺复兴、俄罗斯历史和亚洲历史的研究。MBA 这一工具是很实用的，当你刚开始工作时，它会很好地服务于你，帮助你

> 学习商业基础知识，帮助你了解一个行业或一家企业的关键概念性方法。但是，当你领导员工的时候，你会利用你的人文主义技能。宝洁公司内部有 135 000 个员工需要领导，线上还有数十万员工。

虽然他们声称做了很多事情来培养他们的高层管理人员，但是我个人并不知道有哪家公司会花时间在人文或文科方面培训高管。然而，在处理其他个人和职业发展的问题之前，所有高管都应该承认这种"人文培训"的重要性并加以追求。领导力是关于人的，就是把员工引向一个共同的目标或梦想。这需要我们正确理解，正如在第二章中讨论的那样，同理心是尤其需要的。因为领导力的大多数方面都是与人打交道，你需要能够深刻了解他们的想法和情绪，他们的需求和梦想。为了让员工按照某种方式行事，你必须与他感同身受，设身处地地为他着想。这就是同理心，它应该是高层管理人员培训的重点，尤其是考虑到全球化的到来，它更应该作为培训重点。正如卡洛斯·戈恩在麦肯锡咨询公司的季刊中指出的："未来的领导者还需要更多的同理心和敏感性——不仅仅是对自己国家的人，也包括对其他国家和文化的人。他们将需要有全球同理心，这要困难得多。"[1] 人文学科是培养同理心和理解力的关键。历史、文学、哲学、社会学、艺术史和心理学等学科使你能够更好地理解人们的推理和动机，并最终认识和欣赏人类行为的巨大复杂性。

也许这也是为什么美国最具创新精神的大学开始偏爱具有人文素养的学生，并希望以此来培养这种思想流派的学生。商业与管理方面的畅销书作家丹尼尔·平克说，佐治亚理工学院"有很大一部分新生会演奏一种乐器"，这是为什么？因为佐治亚理工学院将它作为全心全意的体现。平克坚称：

> 他们想要有横向思维的人，他们想要有不同兴趣爱好的人，他们想要能很好沟通的人。

佐治亚理工学院为什么要这么做？

> 因为雇主抱怨说："请不要把这种心胸狭窄、循规蹈矩的工程师给我们，这种人我们不想要。请给我们一些能够独立思考、能够全面思考、沟通能力强、懂得业务联系、有设计感的人。"

我可以证明，拥有广泛的兴趣对于培养一个更成功、更有能力的领导者至关重要。除了在工程和商业方面的学习，我在高中和大学期间曾是一名专业的水彩画家，这对我的人生有着深刻的影响，尤其是在我如何看待和接近世界等方面。作为一名水彩画家，我告诉自己，事物并不总是它们看起来的那样，不同的光线可以呈现不同的颜色，不同的视角可以在同一主题或环境中显示不同的轮廓和特质。我热爱舞蹈，从探戈到摇滚，这肯定对我待人的方式产生了影响，这也许与我看到人们根据不同的音乐跳不同的舞步有关。这些兴趣确实更好地塑造了我，并且对我所做的每一件事情——从谈判到创业再到招聘，都产生了影响。我记得在法兰克福令人印象深刻的老剧院举办活动后，我和德国电视公司 ZDF 的一名记者进行了一次谈话。她对我说："你真是一个多才多艺的人！"这是我收到的最大的赞美！

拥有多样化的兴趣和人文背景十分重要，这不仅是因为它们能够为我们在与人打交道时提供优势，还因为它们是我们不断学习的内在动力。

▶ 不断学习：
好奇心、想象力和谦逊的重要性 ◀

我需要有好奇心的人、有想象力的人……我想要的是那些能够预见危险和机遇的人。

——科林·鲍威尔

持续不断地学习对一个成功的领导者来说是一个非常重要的特征，因为它包含了另外三个重要的特质——好奇心、想象力和谦逊。

正如我们之前说的，比尔·科纳蒂担任通用电气的人力资源高级副总裁近15年，在选择新主管时，他强调不断学习的重要性：

> 一旦有人为我们工作，我们需要的是他们不断学习的能力。是不是有人从一开始就认为自己有答案了？如果是这样的话，那么我们可能用错了人。但我们始终在寻找那些想要在不断学习的过程中拓展自己思维的人。

为什么不断学习是如此重要的品质，以至于通用电气将其作为优秀员工的隐性标准之一？因为，正如苏佩维埃尔金融集团的CEO帕特里西奥·苏佩维埃尔所说："归根结底，领导力是对变革的持续管理。"随着社会期望、消费者需求和竞争方式的改变，CEO必须能够做出快速反应，及时改变公司战略和员工的工作方式，以满足新的需求。因此，CEO必须参与不断学习的过程，以了解新的发展趋势，做出必要的改变和调整。正如杰克·韦尔奇坚持的那样，"一个组织能够快速学习并将其转化为行动的能力是它最重要的竞争优势"。学习永无止境，你可以从日常生活中的任何情况中学习。韦尔奇曾经解释说:"总有人在做一些让你感兴趣的事。你应该向每个人学习。"

没有什么比好奇心更有利于不断学习了。虽然好奇心不是一种普遍的领导人格特质,但我采访过的大多数领导者都具有这种特质。畅销书作家兼领导力专家吉姆·柯林斯在好奇心中发现了学习的关键:"如果有什么让我感到骄傲的东西,那就是我的好奇心。"有好奇心的人对世界敞开胸怀,自然愿意探索和理解它。这一特点使他们在不同的领导任务中表现得更好。例如,如果你想建立一个愿景,你必须首先了解当前的形势,以便你能够识别出具体的机会。之后,你还必须密切关注市场和环境的演变,这样你才能对你的梦想或组织的总体方向持开放态度。一个有好奇心的人不仅更容易察觉到这些变化,也能通过开放的态度来成功地应对变化。此外,拥有好奇心的领导者更有能力发现和培养新的人才,从而应对变化。

另外,好奇是一种特质,它能让一个人在面对完全陌生的情况时,认识到自己不知道该怎么做,然后激励他努力去寻找解决办法。在这种情况下,好奇心需要谦逊,换句话说,你应当承认你不知道或不了解一切的这个事实。正如鲁迪·朱利安尼所说:"你必须承认有你不知道的事情。"但是,你也必须有动力去寻找答案,这就是为什么好奇心与渴望不断学习密切相关。

著名足球教练米格尔·安赫尔·卡帕将前足球运动员、现任拜仁慕尼黑主教练瓜迪奥拉描述为"他是一个好奇心非常强的人，总是试图吸取别人的经验"。[2] 尽管瓜迪奥拉作为一名球员取得了从欧洲杯冠军到奥运会金牌的巨大成就，但当这位西班牙人即将开始他的教练生涯时，他环游了世界并采访了他最尊敬和最想学习的教练。他十分渴望学习，想尽可能学到更多的东西，因为他知道在任何时间、任何地点都可以学习，即便是最成功的人也有需要学习的东西，尤其是当他们接近一个新角色的时候。

我记得有关好奇心的一种特殊表现，一种真诚的终身学习的渴望。美国前国务卿、美国驻联合国大使马德琳·奥尔布赖特曾在我的家乡布宜诺斯艾利斯参加了一个论坛，我曾邀请她和其他演讲者共进晚餐，但是很遗憾她不能到场，因为她当天就必须回美国。我陪她走向在会议中心地下停车场等她的那辆车，在她上车之前，我说："奥尔布赖特太太，很遗憾你今晚不能留下来吃饭了，因为我本来要教你上一节特别的探戈课程，我要向你展示为什么探戈是世界上最性感的舞蹈。"正如我所说的，我热爱舞蹈，尤其是探戈。为了特别感谢论坛的演讲者，我为所有人准备了一堂特别的课。马德琳·奥尔布赖特一听到这些话，一把抓住我的胳膊，转过身来，看着我的眼睛，说："现在教我吧！"于是，在那个地下停车场的中央，在她的助手和司机的注视下，我教美国前国务卿学了"探戈的基础知识"。

一位 70 岁的女性到世界各地旅行，去过成千上万不同的地方，见过成千上万不同的人，拥有成千上万独特的经历。她对探戈有着足够的兴趣和好奇，她说了很多关于她性格方面的事，正是这种性格让她通过不断学习的方式与世界保持联系。

我还认为，想象力与好奇心和不断学习密切相关。当我问弗朗西斯·福特·科波拉他如此成功的关键特征时，他回答说：

> 我有很好的想象力。例如，如果我们说，"我们不满意羊角面包在盘子上的排列方法"，我会想出其他 50 种方法来做到满意，所以我认为我有着非常活跃的想象力和充沛的精力，仅此而已！

事实上，想象力是不断寻找问题新答案的一部分。科林·鲍威尔寻找那些"富有想象力"的人加入他的团队，因为他知道想象力对解决问题至关重要。鲁迪·朱利安尼这样总结："做一个乐观主义者，做一个问题解决者。训练自己思考解决问题的方案。"

此外，领导者必须有想象力，以寻找可以改善我们周围世界并推动变革的新方法。我与奥斯卡获奖导演、制片人和编剧詹姆斯·卡梅隆的一次会面，完美地说明了好奇心和学习欲望如何与想象力、谦逊、解决问题的能力相结合，从而永远地改变了一个行业的格局。据卡梅隆所说，他从1994年开始制作电影《阿凡达》，比其上映时间早了将近15年，但由于他缺乏完成这部电影所需的技术，他不得不将这部电影搁置多年。然而，即使有了这些技术资源，他也面临着无数的挑战，这是他从来没有预料到的。但这并没有阻止他前进，反而鼓舞了他。"伙计们，这太棒了！"他解释道，"这就是我拍这部电影的原因。我享受那些你我都不知道答案的时刻，这让解决问题变得有趣！"在我看来，这句话显示出几个特征：一方面，它表明你愿意接受自己并不是什么都知道的事实，这是谦逊的表现；另一方面，它也表明了好奇心和不断学习的动力，解决问题的动力，以及在此过程中获得的乐趣。你们中有多少人会谦虚地告诉你们的团队，你们喜欢那些没有人知道答案的时刻？

但除此之外，我从卡梅隆身上学到的最有价值的东西是在一次谈话中他分享了他成功的秘诀之一。我告诉他，我认为他是一个伟大的营销人员，因为他能够创造出三部截然不同的电影——《终结者》《泰坦尼克号》《阿凡达》，这些电影都打破了全球的票房纪录。他怎么知道人们想要什么？他的回答对我来说是真正值得学习的：他认为他的电影成功的关键在于他创造了观众以前无法想象的体验。这真是太棒了！在卡梅隆看来，关键是要给公众提供他们做梦都想不到的东西。要做到这一点，你必须不断寻找新的东西——好奇地在行业之外寻找新的技术，还要不断学习。事实上，这正是卡梅隆最让我印象深刻的地方：就像乔布斯一样，他创造的产品提供给客户从未想象过的体验，他有足够的好奇心去构思一些目前还无法实现的事情，也有想象力、解决问题的能力和继续前进的自信。

▶ 要有自信 ◀

尽管在第六章中我们谈到了在决策中对自信的要求，但是自信显然是一种更广泛、更必要的特质。对任何想要改变周围世界的人来说，自信是一种非常强大的情绪，这就是为什么它与解决问题和好奇心密切相关。正如哈佛商学院工商管理教授、作家克莱顿·克里斯坦森所说：

> 弄清事情为什么会以这种方式发生的好奇心以及拥有解决问题的信心，这两者是成功创新者的特质。

马德琳·奥尔布赖特也赞同这一观点。在巴拉克·奥巴马竞选美国总统的时候，我采访了他，我问他对办公室人员来说，最重要的品质是什么。他马上回答："自信和好奇心。"

对那些为了做出改变而努力的人来说，自信也是必要的，因为你所做的改变很少在第一次就会成功。你需要一次又一次地尝试不同的方式。自信给了你克服失败的情绪能量，让你不责备自己，让你认为自己可以实现目标。自信让你不断尝试、不断学习、不断体验、不断解决问题，最终采用新的方式行事。

杰克·韦尔奇也同意自信是一种尝试新事物、从错误中学习并继续尝试的品质：

> 每当你感到自信时，你就愿意作为领导者尝试新的事物。有些事情是行不通的，但没关系。我在生意上可能犯的错误比任何人都多，这是因为我尝试了更多的东西，并且我很快就从中吸取了教训。

韦尔奇幼年时患有口吃，这对他来说是一个很大的困扰，尤其是当他想到他的野心以及人们习惯性地将口吃的人视为低能者的方式。他的母亲不断地向他灌输自信，韦尔奇认为这是他成功的原因——无论是在管理他的口吃方面，还是在他漫长而辉煌的职业生涯中：

> 当我结结巴巴时，她对我说，"别担心，杰克。你的舌头不像你聪明的头脑转得那么快"。

当别人（尤其是你爱的人和尊重的人，比如你的父母）相信你有能力实现你想要的一切，你就会逐渐充满自信，不仅是为了不断尝试新事物，也是为了实现更广泛、更持续的目标。事实上，每当我们取得成就或受到我们敬仰的人的赞美时，自信就会建立起来，韦尔奇称这是"自信的一击"。首席情绪官必须有自信，但他还需要通过这种"自信的一击"帮助他的团队成员建立自信。

这种在失败中自信前行的能力以及在培养员工信心的同时尝试解决问题的新方法，两者显然需要一个微妙的平衡，这就是为什么寻找平衡和理性判断能力对首席情绪官来说如此必要。

▶ 平衡多种特质，做出正确判断 ◀

有时人们会谈论背弃团队、勇往直前的"有远见的领导者"，他只专注于与他的愿景有关的角色。但也有"管弦乐队指挥"，他专注于培养每个人的才能，帮助人们充分发挥他们的潜力，并协调团队工作。第一个案例侧重于体现第一个领导角色，建立愿景的领导者；第二个案例体现的是第二个领导角色，一个真正关心他人的领导者。以乔布斯为例，他显然是一个有远见卓识的领导者，正如他的大多数亲密合伙人所证明的那样，他有巨大的能力去想象他想要创造的东西，他也可以用一种粗暴的方式对待员工。然而，作为一个有远见卓识的领导者，乔布斯的能力得到了充分发挥，他必须弥补自己较难掌握的人际关系技巧，或者说缺乏的这种技巧。其他的领导者可能非常善于协调人际关系并发挥每个人的优点，但他们并不完全有能力去定义愿景。虽然许多领导者在一个领导角色上取得的成功是以牺牲另一个领导角色为代价的，但是最好的领导者能够在多个角色上取得成功，即使这些角色看起来似乎是矛盾的或者完全相反的。

领导者必须经常展现并最终学会平衡对立的特质。就我个人而言，我喜欢对立的概念，这意味着差异，甚至可能意味着迄今为止我提到的一些领导特质和技能会产生冲突。例如，领导者必须有决心和毅力，这样他才能坚持自己选择的道路，而不是被沿途的障碍吓倒或误入歧途。但同时，他必须足够灵活，知道何时改变方向，何时停止，何时改变他的愿景或下一个里程碑。

从这个意义上说，几乎相反的特征之间的紧张关系也可以帮助领导者成长。例如，你必须全心全意地想要赢，但也要学会认输并继续下一场战斗。你必须知道什么时候该听每个人说些什么，但也要知道什么时候该停下来并做出决定，而且你必须知道什么时候该加速和坚持，什么时候该做出改变，这就是事物的阴阳两面。

事实上，归根结底，它是关于平衡的、互补的力量，而不是对立的力量。作为一个领导者，学会平衡是至关重要的，卡

高效能领导的五个角色　　266

莉·菲奥莉娜坚持说：

> 是的，我认为领导者必须找到正确的平衡点，也就是说找到平衡是领导力的核心。在这么多事物之间找到正确的平衡。专注于执行和战略愿景之间正确的平衡，在我们必须保持不变的事情和必须改变的事情之间保持正确的平衡，在服务客户和授权员工之间找到正确的平衡，所有这些都是关于平衡的决定。因此，一个好的领导者不仅不会被平衡的不确定性困扰，而且应该明白找到正确的平衡点是他们工作的一部分。

平衡是一种复杂、罕见的特质，需要在不同的选择之间找到精细的均衡。为了达到这种平衡，领导者需要有很好的判断力。正如雷富礼所说：

> CEO 是唯一一个能够在未来投资和当前回报之间找到平衡点的人。这是一个重大的判断。

良好的判断力可以让一个好的领导者在权衡不同的情况和相反的标准时做出成功的决策。我们知道，在某些情况下，答案需要"视情况而定"。定义一个强大的领导者的标准就是用正确的判断力处理不同的情况，知道当时机到来时做出不同的选择，知道什么时候该全心全意地朝着既定目标前进，什么时候该改变目标，什么时候该拯救摇摇欲坠的企业，什么时候该宣布企业破产。作为一名领导者，学会如何平衡不同的甚至是对立的特质是最重要的，同时当你努力实现不同的目标时也要运用良好的判断力。

领导者的特质和技能

到目前为止，我们已经把重点放在了领导者必须具备的特征上。领导者是具有人文主义、理解力和同理心的问题解决者，他们具有丰富的想象力、智慧、好奇心、良好的判断力和追随自己内心的自信，必要时可以逆势而上。但是，一旦你确定了这些特质和技能，你会怎么做？好好审视一下自己，诚实地问自己："我已经具备这些技能了吗？或者我需要培养这些技能吗？我需要从头开始学习它们吗？"

如果你在一个培养了领导者所需的特质和技能的环境中长大，这将对你大大有益。事实上，我相信领导者是在他们人生的前18年里被塑造出来的，这意味着家庭教育和文化是影响未来领导者特质发展的主要方面。杰克·韦尔奇、理查德·布兰森、比尔·克林顿以及其他伟大的领导者，都与他们的母亲有着特殊的关系。还记得克林顿说他的母亲是他的导师吗？在这一章的前面，我们也提到韦尔奇说他的母亲在他的生活中扮演的重要角色。我祖母的父亲叫何塞·路易斯·坎蒂洛，他是一名律师、一名记者，也是一名政治家，他不仅创办了一份全国性的报纸和几份杂志，还是布宜诺斯艾利斯省省长、布宜诺斯艾利斯市市长、国会议员、众议院议长和国家历史学院的成员。他留下了一笔有关人文主义、探索精神和同理心的遗产，这在我的家庭中一直延续至今。我的父亲曾经告诉我，他认为我取得这样的成就与这个家族的历史和它所创造的文化有很大关系，不是指我作为一个商人，而是指作为一个采访者和知识分子。

无论如何，要知道你可以学习或改进定义领导者的特质和技能。开发它们是一项有意识的工作，而且总有内部工作要做。这就是为什么我会邀请你拿一张白纸，写下作为领导者你想做的事。请考虑以下问题：

- 作为组织或团队的领导者，我想实现什么样的梦想？
- 我关心团队的福祉吗？
- 员工在我的公司能有效、流畅地沟通吗？
- 我的团队成员是否具备充分发挥潜力所需的要素？
- 我是否为属于这个团队而感到自豪和高兴？

接下来，写下你想要发展的特质或技能，并试着每天做一些事情来让自己变得更好。例如，你怎么才能更有好奇心？解决这个问题的一种方法是每天用谷歌浏览器搜索一些全新的东西。或者，每周和你的团队一起坐下来喝杯咖啡，让每个人用5分钟的时间聊一些他在一周内学到的东西。你必须训练自己保持好奇心，这很容易上瘾。

同样地，你可以练习变得更关心人、更直率或者更勇敢。当你能够理解和感受你是谁、你想要什么时，你就会看到自己拥有了更多的其他领导者的特质。

最后，请你根据你现在的职位和年底目标制订一个发展计划。做一个总结并进行反思，和别人一起讨论并记录它。最重要的是，练习那些能让你成功的技能。

▶ 保持真实 ◀

以上这些做法将使你产生很大的进步，然而只发展这些技能是不够的。我认为这是整本书中的第一个"坏消息"。当你练习这些技能时，你将学会如何正确地执行它们。但是，所有领导力的基础不是你做什么或说什么，而是你选择成为什么样的人，你不能假装，因为那行不通。我坚持认为，这不仅仅是模仿别人的行为或学习别人创造和实践的技能。归根结底，每个人都知道你所做的事情是否真实地反映了你是谁。当然，做某些事情最终会帮助你改变自己，但你需要有改变自己的意愿。所以，为了成为一个真正的领导者，你必须让内心成长起来，让这些行为真实地反映你的身份。保持真实，做你自己。

的确，成长的起点以及通往有效领导的漫长道路的起点始终是真实。不管你身在何处，就从那里开始。韦尔奇又一次热情洋溢地说：

> 保持真实！真实是你最大的特质之一。不管你是谁，做你自己。不要最终试图让自己看起来像别人，表现得像别人，或干脆成为别人。做你自己，按你自己的方式行事，这最终可能是你做的最重要的事情。

克里斯蒂·赫夫纳非常同意韦尔奇的观点：

> 从某种意义上说，我认为我很像我的父亲（花花公子企业的创始人休·赫夫纳），我真的相信人必须忠于自己，所以我的父亲过着他自己的生活，不是因为他认为这对公司有好处，而是他认为这样会使他幸福。

了解自己

你只有领导了自己，才能领导别人。

——亚历克斯·罗维拉
作家、商业顾问

这种对真实的呼唤引出了一个问题：如果真实是通往有效领导和成长的漫长道路的起点，那么为了做真实的自己，我必须知道我是谁吗？是的。这就是为什么我坚信，领导者发展领导力是一个成长的过程，而一个人成长的第一步就是真正了解自己。事实上，首席情绪官需要做的第一件事就是意识到培养领导力是一段个人和精神的成长旅程。

因此，培养领导力最后的关键是走上自我发现的道路。对于"了解你自己"，我们也可以说"领导你自己"，或者可以更好地解释为"用你希望被领导的方式领导别人"。正如美敦力前任 CEO、哈佛商学院管理实践教授、作家比尔·乔治所坚称的那样：

> 在我对数百位失败的领导者的研究中，我发现每个领导者都能够领导别人，但不能够领导自己。

你必须了解你是谁，你的才能是什么，你想要什么，以及你想如何实现你的职业或创业使命。在讨论寻找自己的愿景或梦想时，我说了同样的话。人们可能会将这种自我发现理解成为自己寻找愿景，构造自己未来的梦想。你必须问：为什么我生活在地球上？我要如何改变世界？

当然，这些不是你一劳永逸回答的问题，而是你多年来承担的任务。然而，当你开始明白为什么做和如何做时，你就会完全与你的才能和激情联系在一起，你的行动能力必将有显著的提高。当你满怀激情地踏上这段旅程时，你会发现你真的可以改变现实和周围的世界。

让我来谈谈我自己的个人经历。有一次，我的许多采访和谈话都被我自己的中年危机影响，这场危机与挑战和突破外部任务有关，它能够让我找到真正喜欢的东西，并在生活的各个方面不懈地追求它。在我40多岁的时候，尽管婚姻面临危机，但我对我的工作充满激情。我确信，通过一个问题你可以很容易地找出那些处于中年危机之前、之中和之后的人，这个问题就是：你知道你对生活的热情吗？处于中年危机之前的人们可能知道他们的义务，甚至可能知道他们喜欢或享受什么。然而，激情是一种完全不同的东西，它远远超越了单纯的享受。当你充满激情的时候，你会忘记午餐或任何一顿饭，因为你沉浸其中，完全被你正在做的事情吞没，你有惊人的能量去做你爱做的事。当你不了解自己的激情时，你只会做你必须做的事，这就会导致生活的空虚。

那么，你应该如何找到你的激情呢？当然，这其中有很多是偶然的。当我开始与我们聘请的演讲者互动时，我很快惊讶地发现了一种对采访的真正热情——这种热情已经变成梦想伴随我至今，即使其他人已经放弃了。

著名的电影制作人和企业家乔治·卢卡斯以同样的偶然的方式找到了他的激情和才华。在一次谈话中，卢卡斯跟我说他不知道他的爱好是拍电影，"我从来没有真正关注过电影，"他告诉我，"我去电影院是为了追女孩，而不是为了看电影。"他对摄影和艺术感兴趣，但他的父母拒绝付学费，直到他在莫德斯托初级学院学习社会科学，他才上了他的第一堂制作课，一门动画课程。他回忆说：

> 在两个月内，他们给了我做了一个相机测试，也就是你如何操作相机，做所有你必须做的事情，前进或后退。我做了一个不到一分钟的小测试，后来我把它拍成了一部电影。那部电影在全世界赢得了各种奖项，我意识到"我知道该怎么做"。我很擅长这个，我喜欢它，那时候我爱上了电影，我找到了我的激情。

卢卡斯和我都有幸偶然地发现了我们的激情，偶然地学会了我们真正热爱的事情。但是，你没有必要依靠运气，你可以通过一段精神之旅来寻找你的激情，去了解你自己，寻找真正让你快乐的东西，以及你生活的基本指引目标。对此，卢卡斯提供了如下指导：

> 当你问自己"我擅长什么"时，可以用"我喜欢做的事情"来进行评判。当你坐下来无所事事的时候，你想花点时间做些什么呢？而这通常是你会热衷的事情。

像卢卡斯这样的领导者在他们所做的事情上表现出色，因为他们发现了他们的激情所在，并且努力追求它们。然后，他们的个人激情就像他们自己内心的梦想一样，在他们的生活中起着引领作用。是的，激情赋予目标，目标就像一个持续的动力。它从内部提取你的所有资源，发挥你最好的一面，因为你想要实现目标。因此，激情也是通往幸福之路的重要元素。活出你的激情，为一个坚信的目标发挥自己的才能，在这个世界上有所作为，并做你想做的事是幸福的主要组成部分。这绝对是对幸福的个人化定义，它会通过培养你的激情来推动你的生活。事实上，激情是一种情绪，它与你深爱的东西、你的才能和你的目标交织在一起。激情是一种"酸性测试"，它能让你发挥出最大的领导潜能，赋予你惊人的能量去执行，去克服障碍，去把人们团结在一起，最重要的是改变事情。如果没有激情，你就会毫无感情地去履行你的职责，接受这个世界的本来面目——一个追随者，而不是一个领导者。

想想看，你作为新型CEO的最终角色是成为首席情绪官，你所扮演的5个主要角色，其核心都是由情绪产生的。没有任何一种情绪能像激情那样给人增加如此多的动力。因此，当我在活动中或在会议上遇到一位领导者时，我每次都会反复问他同一个问题：你生活的激情是什么？激情是一个好的领导者做一切事情的基础，也是一个好的领导者的必备条件。在日常情况和危机中，你需要了解你最热衷的是什么，以及你需要做什么来达到或保护它。你要知道是什么驱使你在情感上超越现状，要去探索哪些事情会促使你改变现状和你周围的人，并实现你甚至无法想象的目标。

以下是我从一些世界上最引人注目的领导者那里得到的答案，这些答案来自那些知道自己想要什么并满怀激情地追求它的人，这是成为一个优秀领导者的基础。通过他们的每一个答案，你就能理解他们在各自行业领域里领先的原因。我鼓励你阅读并思考这些回答，扪心自问一下，这可以很好地开启你的个人旅程。

我的激情就是能够做出改变，这也许听起来很幼稚，但作为达到一定年龄的女人，我花了很长时间才形成独立的声音，并且能够清楚地表达自己关心什么，这与社会正义、贫困、妇女权利、一般人权和法治有很大关系。我觉得我已经找到了自己的声音,所以我是不会闭嘴的。因此,我的激情是利用我在人格和声音方面所能获得的一切来做出改变。

——马德琳·奥尔布赖特

我相信你知道,因为在任何职业中,我们都想有所作为。但我认为,无论你在做什么,挑战在于你必须致力于一个看起来几乎不可能的问题,这个问题远远超越了你自身的能力,你甚至没有权利认为你会改变它。但是,如果你有勇气这样做,每天早上醒来,你就会知道你必须做出更多努力,你必须想办法解决这个问题,你需要一种不同的方法……所以,这就是我现在的动力:你如何创建与在那里工作的员工一样有人性的公司。

——加里·哈默

我的激情是人……我的激情是好奇心。

——赫布·凯莱赫

我对人生成功的定义是,当你将要死去时,你坐在那里——希望是躺在床上、战壕里或你即将死去的地方,你能这样想:"当我死的时候,我做了所有我想做的事,所以我可以幸福地死去。"你有6个孩子,真是个幸运的人!你是我认识的最富有的人!

——弗朗西斯·福特·科波拉

方济各教皇

是的，你的激情、梦想和愿景都可以改变现实。领导者是有激情去改变现实的人，并且意识到他可以做到，不管这种改变有多么雄心勃勃。一旦你有了这种意识，你就会从变革的受害者变成主角。领导力归根结底是变革的推动者，无论是市场战略或愿景的转变，还是数百年的社会和文化实践的变革。

的确，当有重大问题需要改变时，伟大的领导者就会出现。当世界需要重大变革时，领导者要承担起肩上的责任。在我有幸与之交谈的所有领导者中，我选择来自拉丁美洲的第一任方济各教皇作为首席情绪官所代表的新型领导者的榜样。他不仅成功体现出了这本书阐述的5个角色，在信徒和非信徒之间激发情绪，理解他对教会的新愿景和与世界沟通的方式，还具有我们讨论过的所有特征——对人性的真诚关怀、同理心、理解力、敏感性以及对个人和精神旅程的自我认识。此外，他还肩负着改变影响世界近两千年组织的巨大责任，他怀揣着与其职位相匹配的激情并一直追随这个目标。他似乎敏锐地意识到，激情会导致变化的产生，因为它触动了人们的情绪——这是首席情绪官概念的核心思想。所以，不管你是赞同天主教机构的观点，还是赞同我选择方济各教皇作为最终的例子，以此来证明首席情绪官的信条是一个多少有点儿有趣且可能很特殊的选择，我想要强调的是，我们将从领导力的角度，并通过领导角色的这面镜子分析方济各教皇——被《时代》周刊评为 2013 年度人物，我希望你能清楚地知道为什么他是这本书结尾的合适人选。让我们来看看这个独特的领导者所产生的令人敬畏的激情。

方济各教皇正在复兴世界上最传统的机构之一——天主教会。如果有人问我哪个组织的文化最难领导和改变，我会立刻想到天主教会——一个拥有超过 12 亿成员的组织。对这样一个规模的组织来说，其结构绝大多数是横向的。事实上，它的成员只分为三个级别：一名教皇、5 150 名主教和 415 000 名牧师在全球范围内为 12 亿天主教徒服务。此外，还有 2 000 年漫长而动荡的历史，这一历史造就了有史以来最深刻、最不屈不挠的文化之一。领导这样一个庞大而复杂的组织可能是我所能想到的最困难的挑战之一，因此尽管企业和教会之间存在差异，但天主教会实际上可能是探索我在这本书中提出的建议的最佳案例。

在担任教皇的三年里，豪尔赫·贝尔戈里奥，也就是方济各，对整个组织产生了巨大的影响，并继续让教会和世界做出了更多的重大改变。从巴勒斯坦和以色列之间的和平到气候改变和可持续性问题，从欧洲的移民政策到全球经济体系，他决定在这些重大的全球性问题上发挥作用，并在技术上超越教会本身。在每一个话题上，教皇方济各都采取了强有力的立场，以改变现实为目标。此外，他还在天主教会内部推行了雄心勃勃的改革计划。从管理的角度来看，他正在致力于改革梵蒂冈教廷，并将教会权力下放，将与自己生活有关的重要决策权交给主教委员会。我们从未见过一位教皇如此强调他只是"罗马主教"并明确地提到决策权下放的必要性。在教义方面，他决定承认并讨论一些棘手的问题，如离婚人士的再婚、同性恋、堕胎、已婚男人的神职和独身以及妇女在教会中的角色。

这些活动和行为是一系列价值观的体现，也是对天主教会和世界充满激情的愿景的体现。教皇方济各的目标是接触生活、激发情感，并通过文化再造来改变现实，这是新型领导者的目标。通过首席情绪官的5个角色理解教皇方济各的所作所为，我们就会知道他是如何做到的，以及为什么他会对世界产生如此深远的影响。

▶ 一个梦想：穷人的贫穷教堂 ◀

自从当选教皇以来，甚至在首次公开露面之前，当时的红衣主教贝尔戈里奥就做出了最重要的决定，这向广大听众传达了一个强有力的信息。他选择"方济各"这个名字来纪念阿西西的圣方济各，为教会描绘了美好的愿景和梦想：将其再次转变为穷人的教会。

圣方济各生活在13世纪早期，由于他关心穷人，几个世纪以来他一直代表教会高层保持着谦卑和贫穷，真实地反映了耶稣的信息。这个任务是非常困难的，尤其是考虑到天主教会的历史，所以直到现在没有任何一个主教在成为教皇的时候有勇气给自己起名为方济各。教皇方济各的选择清楚地表明新教皇对教会的愿景：该机构与人民及其问题息息相关，而不是切断和凌驾于他们之上。他曾说："我问自己，教堂里的礼拜者不满意的原因是什么？是因为教会与他们有隔阂。今天，我们要求天主教徒接近人民群众，接近他们的问题和现实。"正是这种激进而雄心勃勃的愿景震撼并塑造了整个组织。例如，2015年6月，教皇方济各以一篇184页的教皇通谕大胆地展示出他对于气候变化影响的愿景，尤其是气候变化对世界贫困人口和贫困加剧的影响，并呼吁全球立即采取意义深远的行动。

▶ 人民群众：他真诚地关心每一个人 ◀

在我和方济各教皇的一次谈话中，他谈到了自己对重生教会的愿景：与群众见面，与群众联系，关心群众。他告诉我："在任何场合，我都要去见人民群众。"他关心群众，对他们真正感兴趣，并被他们感动。一开始，方济各用一些小动作来展示他希望在教会中看到的亲密、人性化的方法。当身处群众中时，他会关注每一个人；当听到他在布宜诺斯艾利斯的朋友面临困难时，他会立即给朋友打电话。事实上，他通过自己的方式打破了所有协议，最终抵达人们的心中。当听到西班牙格拉纳达的一名年轻男子遭受牧师虐待时，他亲自给这名男子打电话，以确保他得到教会的全力支持，使真相水落石出并让罪犯承担责任。

  正如我之前所说，教皇方济各认为教会及其教义应该是为人民服务的。在他看来，今天的教会需要有能力治愈人民的创伤，照顾他们，并通过与他们亲近来"温暖他们的心"。他说："在战争时，我把教堂视为战地医院。"他着重强调教会在照顾人民方面的作用。他在作为教皇的第一次旅行中体现了这种信念，那次是去兰佩杜萨——位于地中海、离利比亚很近的一个意大利小岛。成千上万的非洲移民为了在欧洲过上新的生活而努力前往兰佩杜萨岛，但许多人死在了海上。对所有人来说，兰佩杜萨代表着所有处于绝望中的非洲人的悲剧，但同时也是希望。到一个代表苦难的小岛上，为那些受苦的人提供庇护，亲自会见受苦的人们，看着他们的眼睛，与他们握手，这既表明了与他愿景的一致性——一个照顾穷人的教会，也表明了深刻的个人态度和关怀。对此，他本可以悠闲地坐在罗马签一份特殊的援助协议，但他没有这样做。这是他作为教皇的第一次旅行，这充分体现了他对人民的承诺：关心他们，照顾他们。[3]

▶ 沟通：榜样的力量 ◀

如果说他选择的方济各这一名字体现了他的愿景——他在任期内想在教会中实现的综合目标，那么他的日常行为则是以一种简单、连贯和一致的方式来传达他的愿景：他的确做到了言行一致。例如，在服装方面，他用自己的木制十字架代替黄金十字架，用旧的黑色鞋子代替传统的优雅红鞋。此外，自从在布宜诺斯艾利斯担任主教以来，教皇方济各的生活一直很节俭，他外出乘坐公共交通工具，拒绝任何形式的奢侈品，包括那些因为他的重要地位而提供给他的奢侈品。即使在他被任命为教皇的当天，他也和所有支持他的红衣主教一起坐了巴士，而不乘坐自己的私人轿车。他拒绝了这些舒适的生活，用实际行动展示了他真实和真诚的思想，这也是他每天向成千上万的教徒布道的思想：简单和节俭。

方济各是一位优秀的沟通者，他希望尽可能多地接触人民。就像其他领导者一样，他有一个推特账户，他每天都发推文。但更重要的是，他既害怕与他的社区之内和社区以外的人公开讨论困难的话题，也害怕解决组织的错误并为此承担责任。除了在教皇通谕中非常公开地针对气候改变和重大经济影响的问题发表言论，他还鼓励公开讨论同性恋、离婚、牧师独身和堕胎等有争议的话题。这些话题在教会里已经被禁止了几个世纪，但现在几乎所有的新闻发布会都能坦诚且谦逊地讨论这些话题。方济各教皇通过处理这些问题并对社会提出的问题做出回应，更加接近人民关注的事物和现实。通过与他们进行交谈，方济各知道了他该如何倾听和具有同情心，并认识到社区的需要。针对教会成员卷入性丑闻这件事，他进行公开道歉，恳求公众原谅，表示将对涉案人员采取法律措施，这充分说明了方济各的谦逊、坦率和对社区的尊重。这并没有解决所有问题，但这使得他与社区成员建立了联系，是建立信任的关键。

▶ 决策：走向更加开放和透明的教会 ◀

有效的决策需要授权，也需要反映你自己决定的强硬决策。教皇方济各利用争议来体现每个决策背后的个人价值观，同时定义他们的每个行为以及他希望从他的追随者那里看到的行为。他真的是一个能做出自己决策的人。方济各教皇试图改变教会的愿景，并使之与他作为领导者所希望的保持一致，所以他不得不做出自己的决策，即使这些决策违背了历史或他的顾问和选民的建议。正如我们看到的那样，一个真正的领导者能够创造一个愿景，以身作则，并根据愿景做出决策来完成它，即使这些决策不受欢迎或违背了顾问和选民的建议。

一个前所未有、颇具争议的决策完全说明了方济各改变教会的决心。他决定为一对没有在教会中结婚的夫妇的婴儿施洗,并向一位单身母亲承诺,如果她无法找到愿意给她的孩子施洗的牧师,他将亲自来做这件事。这些是他的决策,这些决策体现了亲近和关心穷人的价值,它们使实践与愿景相一致。此外,通过这些决策和他的例子,教皇方济各动摇了教会的等级制度和部分选民的地位,这些选民有些是他的顾问,他们都不同意打破规则,同时方济各用他的行为为整个教会树立了合适的榜样。

在诸如此类的决策和行动中,这位教皇明确了他对该组织所有成员的期望:对教区居民更加开放和接受的态度。在他看来,教会不能"控制"上帝的恩典,而是必须将上帝的恩典"分配"给所有想通过该组织接近上帝的人。

也许方济各教皇迄今为止做出的最重要的决策之一实际上与决策系统本身有关,而这并不令人意外,这是他最早做出的决策之一。甚至在当上教皇前,方济各就清楚地知道根深蒂固的腐败历史困扰着梵蒂冈的官僚机构。2014年,这种腐败导致了维加诺丑闻,一个管理梵蒂冈房地产投资的重要组织在与供应商系统合作时没有公开征求报价,导致市场价格翻了一番,填补了少数人的口袋。新教皇非常清楚地知道,他需要切断机构中的腐烂部分,为了做到这一点,他必须在旧的、坚定的腐败系统之外建立一个新的团队,在他治理教会和准备修订罗马教廷使徒宪法时为他提供建议和信息。在他当选教皇一个月后,他创建了"八国集团"——一个由 8 位红衣主教组成的咨询委员会，来帮助他管理教会，特别是改革罗马教廷的腐败和管理不善方面。这些红衣主教来自不同大洲，有些来自欧洲，有些来自拉丁美洲。选择具有不同背景和意识形态的人，既证实了方济各在寻找那些真诚挑战他的人，还创造了一个决策结构，使他能够获得可能超出自己能力范围的信息和专业知识。

也就是说，我已经给出的许多例子都证明，做出决策并不始终需要协商一致。方济各教皇无疑听取了他的顾问的建议和意见，但他也明确无误地做出了自己的决策。例如，2013 年 7 月，在他担任教皇 5 个月后，也是"八国集团"成立的 3 个月后，他签署了几项法令，这是他自己做出的决策，也是他亲自签署的法令。他改革了梵蒂冈的刑事和行政法律，来加强对性虐待和涉及腐败与洗钱的罪行的判决，并创建了多个财政委员会来评估和控制梵蒂冈的财政状况。

简而言之，教皇方济各已经做出了自己的决策，以此打造一种新的组织文化。

▶ 文化：穷人的教堂，亲近每个人的教堂 ◀

方济各在推特上有超过 1 300 万粉丝，在全球有超过 12.5 亿的天主教徒，他是世界上最有影响力的公众人物之一。尽管对这样一个庞大而广泛的组织来说，创建我们讨论的强大组织文化所必需的那种统一的价值观和行为听起来相当困难，但教皇方济各已经在积极地实现这一目标了，这比许多前任教皇都成功。他试图通过建立一种包容性的文化来实现天主教的现代化，这种文化可以与更多人建立更紧密的联系，从而让该组织享受过去时代带来的光辉和影响。而凭借他的行动和公开交流的明确愿望，他已经在教会的复兴中发挥了极其重要的作用：世界各地参加弥撒的人数都有所增加；他们计划进行深入的改革，例如推动教会财务报表的管理更加透明；在他寻求教会"健康分权"的过程中，他增加了平信徒的责任，并赋予妇女和年轻人更重要的角色，所有这些都是为了使该组织现代化，以满足当今的需要和期望；他甚至还有一个建立"开放文化"的计划，这样那些想接近教堂的人就不会因为"大门紧闭的冷漠"等无数阻碍来实践信仰。

但最重要的是，教皇方济各的梦想和他希望为教会创造的文化是：一个为穷人设立的教堂。他为指导这种独特的组织文化而设定的价值观和行为是：贴近民众，为他们服务；简朴和紧缩，以便教会与穷人离得更近；坦率和一致的沟通，以便能够热烈地讨论那些触及民众日常生活的让人不舒服的话题。这些价值观和行为必须被植入新的文化，就像制订一种文化计划一样，并最终得到管理。

我举一个例子来说明文化的指导价值是如何发挥作用并体现

在组织中每个人的行为中的。从高层开始，让我们简单看看紧缩政策。据说，在担任教皇的前几个月里，方济各会穿过空荡荡的办公室去关灯来节约能源。[4] 在教会对员工的额外工作和努力有补偿费的情况下，他还取消了 3 000 名梵蒂冈员工在教皇换届时通常会收到的额外奖金。例如，在 2005 年，由于约翰·保罗二世的去世，他们每人得到了 1 000 欧元，外加 500 欧元用于选举本笃十六世。相比之下，方济各决定将这笔钱——约 600 万欧元——捐给慈善机构。[5] 更不用说梅赛德斯-奔驰豪华轿车已经让位给了福特福克斯的小型中产阶级的汽车。

我们可以很明显地看出，组织文化的表达是如何从最高层言行一致的价值观和行为开始的，但组织中的其他成员呢？首先，教皇方济各明确表示，任命主教的首要标准是"亲近人民"。另外，对那些生活奢侈、沉迷于权力、封闭在梵蒂冈的高墙之内、远离人民的神职人员，他免去了他们的职务。这就是位高权重的教廷国务卿塔西西奥·贝尔托内的命运，在他上任 5 个月后，教皇方济各解雇了他，并让彼得罗·帕罗林替代了他的位置。彼得罗·帕罗林是 20 世纪初以来最年轻的国务卿，也是一个与过去几十年来一直掌权的梵蒂冈核心人物格格不入的人。因此，贴近和关心人民、拥护紧缩和简单的价值观正影响着招聘和解雇——这是创造强大文化的两个关键因素。

▶ 结论：领导力中的深层个人文化 ◀

尽管想要开始并实施教皇方济各提出的改革是一项十分艰巨的任务，这个拥有 2 000 年历史的组织有着可以想象的最深刻、最复杂的历史和最根深蒂固的文化，但方济各言出必行，他拥有这本书提到的 5 个角色的特征。他提出了一个梦想：让贫穷的教会为穷人服务。然后，他跨越了所有的障碍来表明他关心人民，并理解他们的期望和痛苦。他不遗余力地沟通，与信徒建立联系，建立信任，解决所有禁忌问题。最终，为了做出有效的改变，他需要授权给世界各地的教会。因此，他坚持他的愿景：建立不同的价值观和行为，以适应一种新的文化，一种等级制度更接近人民的文化。最后，教皇方济各想要接触生活——改变生活、改变现实——他将他自己和追随者的情绪都凝聚在对这个梦想的追求中。教皇方济各的领导力就像他正在实施的文化变革一样，受到了有史以来最伟大的领导者之一拿撒勒人耶稣的启发，他掌握了 5 个领导角色。

在我与教皇方济各的谈话中，我很惊讶他所说的与我们在这本书中讨论的领导角色，以及人们需要具备的能够好好扮演这些角色的特质相吻合。我问他领导力背后的关键是什么，他面带笑容，回答的第一句是："我还不知道！我没有秘密……"

起初，这个回答让我很吃惊，但后来我仔细思考了其中的蕴意，也想了很多关于我们的谈话，他解释了在每个场合中如何发现对方的需求。没有秘密意味着教皇方济各在每个十字路口选择的都是他内心认为是对的事，每一个决策和行动都是他毕生的经验和与人会面、关心人民的结果。在我看来，他的回答表明，伟大的领导者没有固定的"待办事项列表"，也不遵循方法，他们并不总是将他们所做的事情概念化，而是想做就做。他们已经成长为领导者，而不仅仅是学会了模仿伟大领导者的行为，他们有自己内心的想法。无论他们做什么，都是多年学习做自己的结果。教皇方济各在被红衣主教任命为教皇时的第一个想法是"豪尔赫，不要改变，继续做你自己"。[6]

教皇方济各的例子让我们看到了作为首席情绪官的领导力的起源，以及组织和个人文化在这种领导力下相遇的方式。伟大的领导者始于你对个人梦想或愿景的发现，培养你的个人价值观，由此为组织文化奠定基础。

当你知道你想要在这个世界上产生什么影响时，你要么创建这个组织，招募那些与你有共同愿景和价值观的人，要么确定并加入一个现有的组织。这是一个从个人开始并逐渐发展到包含你所领导或参与的组织的旅程：了解你是谁，你想成为什么样的人，然后找到符合你愿景的组织文化。一旦你做到了，你就会被一种使命感和改变世界的激情所激发。把你的个人价值观、个人文化和个人激情运用到为组织文化及其梦想的服务中。当你这样做的时候，你会点燃你周围的人。

十多年来，我与很多20世纪和21世纪最成功、最深思熟虑和最有趣的领导者进行了交谈，我试图把我收获的经验和智慧都在这本书中阐述出来与你分享，帮助你成为更好的领导者——首席情绪官。我希望你能从中有所收获，当然，你如何运用这些建议取决于你本人和你身处的不断变化的环境，但我相信领导力的本质是不变的：未来的CEO将推动变革，充满激情地追求梦想，同时关心组织中的人，唤醒他们的积极情绪，使其能够取得个人和团队的真正成功。

从现在开始加入这段旅程吧！

致谢

这本书是我一生的心血,我无法感谢所有对本书做出贡献的人。话虽如此,但我还是想感谢那些直接对成书有所帮助的人:我在 HSM 集团任职时的那些同事,他们帮助我成长,尤其是何塞·萨利比·内图,他让我对管理学和领导力研究充满热情,我有幸与他交谈并与全球最优秀的领导者建立联系。还有莱昂纳多·塔弗尔,他帮助我写完了这本书的草稿。还有戴维·卡默曼,与我携手重写这本书,让它成为一本对读者更有吸引力的书。此外,我还想感谢世界上所有跟我分享他们的知识和见解的领导者,无论他们是明示还是暗示,无论他们是否在书中出现,他们都慷慨地允许我解读并与你们分享这些知识和见解。我尤其想感谢杰克·韦尔奇,他是第一个打开我的眼界并让我认识到人在商业中的重要性的人，他也是我的人生导师和朋友。我要感谢我的父亲，他是我作为领导者的第一个人生榜样，现在也仍然如此。还有我的母亲，她教会了我倾听言外之意。最后，感谢所有那些为这项事业不懈努力的人，他们让公司变得与在那里工作的员工一样有人性，对此我致以衷心的感激和永恒的鼓励。

参考文献

序言

1. 参见 https://en.wikipedia.org/wiki/jack_welch。另参见 http://www.businessweek.com/1998/23/b3581001.htm。"华尔街一些分析师对通用电气的前景感到非常乐观,以至于他们相信,当韦尔奇在 2000 年底离职时,通用电气的股价可能从现在的每股 82 美元上涨到 150~200 美元,公司的价值可能达到 4 900 亿~6 500 亿美元。保诚证券前通用电气审计师尼古拉斯·海曼说,韦尔奇的遗产将成为世界上创造比以往任何时候都多的股东价值。"

2. 参见 https://en.wikipedia.org/wiki/frederick_winslow_taylor。"泰勒的科学管理包括 4 个原则:用基于对任务的科学研究方法取代经验法则的工作方法。科学地选择、培训和发展每一位员工,而不是被动地让他们自己去培训自己。提供'详细的指导和监督每个工人执行其独立任务'。管理者和工人平等地分工,以便管理者应用科学管理原则来规划工作,而工人实际上也可以执行任务。"

3. https://en.wikipedia.org/wiki/strategy.
4. https://en.wikipedia.org/wiki/Peter_Drucker#cite_ref38.
5. https://www.youtube.com/watch?v=vJG698U2Mvo.
6. http://www.forbes.com/sites/joshbersin/2015/03/13/culture-why-its-the-hottest-topic-in-business-today/.

第一章

1. 这是最高法院法官波特·斯图尔特在 1964 年提出的对于色情作品的定义。在后来的案件中,他制定了今天最高法院使用的非常严格的标准。
2. 韦氏学习词典 .http://www.merriam-webster.com/dictionary/culture.
3. 在收购的情况下是有例外的,超过资产总额的价格必须作为不同名称(品牌、商誉等)的资产加入资产负债表。
4. http://www.greatplacetowork.com/our-approach/what-are-the-benefits-great-workplaces.
5. KOTTER J P, HESKETT J L. Corporate culture and performance[M]. New York: Free Press, 1992.
6. SCHWARTZ T. Companies that practice 'conscious capitalism' perform 10x better[EB/OL]. [2013-04-04]. https://hbr.org/2013/04/companies-that-practice-conscious-capitalism-perform.
7. SING B. GE in negotiations to acquire 80% of Kidder, Peabody[EB/OL]. [1986-04-25]. https://www.latimes.com/archives/la-xpm-1986-04-25-fi-1589-story.html.
8. https://en.wikipedia.org/wiki/Kidder,_Peabody_%26_Co.
9. 参见 https://en.wikipedia.org/wiki/Jack_Welch。另参见 http://www.cnbc.com/2014/04/29/25-jack-welch.html。"整个 20 世纪 80 年代,韦尔奇都在寻求精简通用电气的方法。1981 年,他在纽约发表了一次演讲,题目是'在经济增长缓慢的情况下快速增长'。在韦尔奇的领导下,通用电气的市值从 1981 年的 120 亿美元增至 2 800 亿美元,并且在进军新兴市场的同时进行了 600 宗收购。"
10. 参见 http://swamedia.com/channels/Officer-Biographies/pages/herb_kelleher。"据《金钱》杂志披露,在 1972—2002 年的 30 年间,西南航空公司为标准普尔 500 指数中的所有公司股东创造了最高回报。"
11. GERSTNER L. Who says elephants can't dance?[M]. New York: HarperCollins, 2002.

第二章

1. 由免费字典（www.thefreedictionary.com）、韦氏词典（www.m-w.com）和维基百科（https://en.wikipedia.org）提供的定义摘要。
2. 维基百科.https://en.wikipedia.org/wiki/Emotion.
3. 同上。引自 GAULIN S J C, MCBURNEY D H. Evolutionary psychology[M]. Prentice Hall, 2003: 121–142。
4. CHETTY S, et al. Stress and glucocorticoids promote oligodendrogenesis in the adult hippocampus[J]. Molecular Psychiatry, 2014, 19(12): 1275–1283. MCEWEN B S. Physiology and neurobiology of stress and adaptation: central role of the brain[J]. Physiological Reviews, 2007, 87(3): 873–904.
5. PORATH C. No time to be nice at work[EB/OL]. [2015–06–19]. http://mobile.nytimes.com/2015/06/21/opinion/sunday/is-your-boss-mean.html?referrer=.
6. http://www.nytimes.com/2015/04/12/education/edlife/how-to-be-emotionally-intelligent.html?smprod=nytcore-iphone&smid=nytcore-iphone-share.

第三章

1. 1997 年史蒂夫·乔布斯关于"非同凡想"营销活动的演讲. https://www.youtube.com/watch?v=dR-ZT8mhfJ4.
2. KOLDITZ T. Why you lead determines how well you lead[EB/OL]. Harvard Business Review. [2014–07–22]. https://hbr.org/2014/07/why-you-lead-determines-how-well-you-lead.
3. 史蒂夫·乔布斯在斯坦福大学的演讲. https://www.youtube.com/watch?v=zkTf0LmDqKI.

第四章

1. PETERS T. What's culture got to do with it?[EB/OL]. http://tompeters.com/2007/02/whats-culture-got-to-do-with-it/.

第五章

1. TED 演讲"脆弱的力量". https://www.ted.com/talks/brene_brown_on_vulnerability?language=en.
2. DOUGHERTY J. The best way for new leaders to build trust[EB/OL]. Harvard Business Review. [2013-12-13]. https://hbr.org/2013/12/the-best-way-for-new-leaders-to-build-trust.
3. 2010 年美国有线电视新闻网对法瑞德·扎卡里亚的采访 .http://transcripts.cnn.com/TRANSCRIPTS/1012/26/fzgps.02.html.
4. SADOWSKY J. Las siete reglas del storytelling[M]. Buenos Aires, México, Montevideoy Santiago: Ediciones Granica, 2013.
5. http://www.strategy-business.com/article/10279?gko=abf36.

第六章

1. 《哈佛商业评论》刊登的《领导力十大必读书目》和由弗朗西丝·赫塞尔本和艾伦·施雷德编辑的《领导者对领导者：对领导力的持续洞察》第 1 卷和第 2 卷都没有提到决策。
2. Zappos 家族的核心价值观 .https://www.zappos.com/.
3. 1997 年史蒂夫·乔布斯在苹果全球开发者大会发表演讲 .https://www.youtube.com/watch?v=FF-tKLISfPE#t=285.
4. http://quotations.about.com/od/stillmorefamouspeople/a/SamWalton1.htm.
5. 安东尼奥·达马西奥在 FORA.tv 关于"当情绪做出更好的决定"的演讲 .https://www.youtube.com/watch?v=1wup_K2WN0I.

第七章

1. 史蒂夫·鲍尔默在斯坦福大学的演讲 . https://www.youtube.com/watch?v=W-BdCpZjZxU.
2. ROBERTS D. Carlos Brito: (brew) master of the universe[EB/OL]. Forbes. [2013-08-15]. https://fortune.com/2013/08/15/carlos-brito-brewmaster-of-the-universe/.
3. CATMULL E. How pixar fosters collective creativity[EB/OL]. Harvard Business

Review.[2008-09-01]. https://hbr.org/2008/09/how-pixar-fosters-collective-creativity.
4. TAYLOR W C, LABARRE P. How pixar adds a new school of thought to disney [EB/OL]. New York Times. [2006-01-29]. https://www.nytimes.com/2006/01/29/business/yourmoney/how-pixar-adds-a-new-school-of-thought-to-disney.html.
5. CATMULL E. How pixar fosters collective creativity[EB/OL]. [2008-09-01]. https://hbr.org/2008/09/how-pixar-fosters-collective-creativity.
6. https://en.wikipedia.org/wiki/Ledesma_S.A.A.I.

第八章

1. KIRKLAND R. Leading in the 21st century: an interview with carlos ghosn[EB/OL]. McKinsey Quarterly. [2012-09]. http://www.mckinsey.com/global-themes/leadership/an-interview-with-carlos-ghosn.
2. HACKER P. La conexion argentina de guardiola[EB/OL]. La Nacion Canchallena. http://canchallena.lanacion.com.ar/1459857-la-conexion-argentina-de-guardiola.
3. http://www.razonyfe.org/images/stories/Entrevista_al_papa_Francisco.pdf. http://www.laiglesiaenlaprensa.com/2013/09/la-entrevista-del-papa-francisco-a-la-civilt%C3%A0-cattolica-aqu%C3%AD-se-puede-descargar-el-ejemplar-original-en-pdf-aqu%C3%AD-una.html.
4. PIQUÉ E. Francisco: viday revolución[M]. Argentina: El Ateneo, 2013.
5. 同上。
6. 同上。